KB259965

自證偈 (자증게)

蓮台獨獅子 (연대독사자)
鑽馳無門壁 (찬치무문벽)
黑風中片舟 (흑풍중편주)
傾大洋曠水 (경대양광수)
獅與舟不二 (사여주불이)
內外好時節 (내외호시절)

연대산의 외로운 사자,
무문관 벽 뚫고 내달리니
태풍 만난 조각배,
큰 바다 기울여 물 비우도다.
사자와 배, 둘 아니니
안팎으로 좋은 시절이로다.

詩와書 無一 우학 큰스님

書, "無門(무문)"은 천일 무문관 정진 중에 기르신
머리카락을 잘라 만든 붓(두발붓)으로 쓰셨습니다.

上

무문관 용맹정진 일기 14

무문관 수행 일기와 함께 보는
無— 우학 스님의 무문관 강론

무문(상)

도서출판 **좋은인연**

無門

무문관 수행 일기와 함께 보는
無一 우학 스님의 無門關 강론

무문관 수행일기,
無門을 내면서

　'무문관'이란, 무문 혜개 스님의 책 제목이기도 하지만 특수선방인 폐문 수행처를 일컫기도 한다. 본 편역자는 서기 2013년 4월 보름부터 2016년 정월 보름까지, 제1차 청정결사의 명분 아래 대중 8명과 함께 무일선원 무문관에서 정진하였다. 약 천 일간의 과정을 소상하게 쓴 '무문관 일기'를 낸 바도 있다. 그리고 TBC의 공력으로 '무문관'이란 영화가 나와서 다큐멘터리 부문에서 큰 반향을 불러일으켰다.

　지금, 소납은 2019년 정월 보름에 회향하는 제2차 천일 청정결사의 대중들과 함께 반폐문의 수행 생활을 하고 있다. 물론, 연이어 제3차 천일 청정결사도 계획하고 있다.

　본 원고의 번역과 강론 부분은 제1차 천일청정결사 이전에 쓴 것이고, 각 칙마다 나오는 두어 편의 일기 내용은 서기 2018년의 한 기간에 쓴 것이다. 일기를 쓰면서 번역과 강론을 다시 읽어 보니 내용상 큰 하자가 없어, 편역자로서는 만족을 느끼는 바이니 독자들의 깊은 사색을 바라 마지 않는다.

무문관 정진 중에 '無一(무일)의 悟道(오도) 체계'를 세운 바가 있는데, 이것이 선어록을 읽고 정신세계를 확립함에 도움이 될 것 같아 간단한 도표로 소개한다.

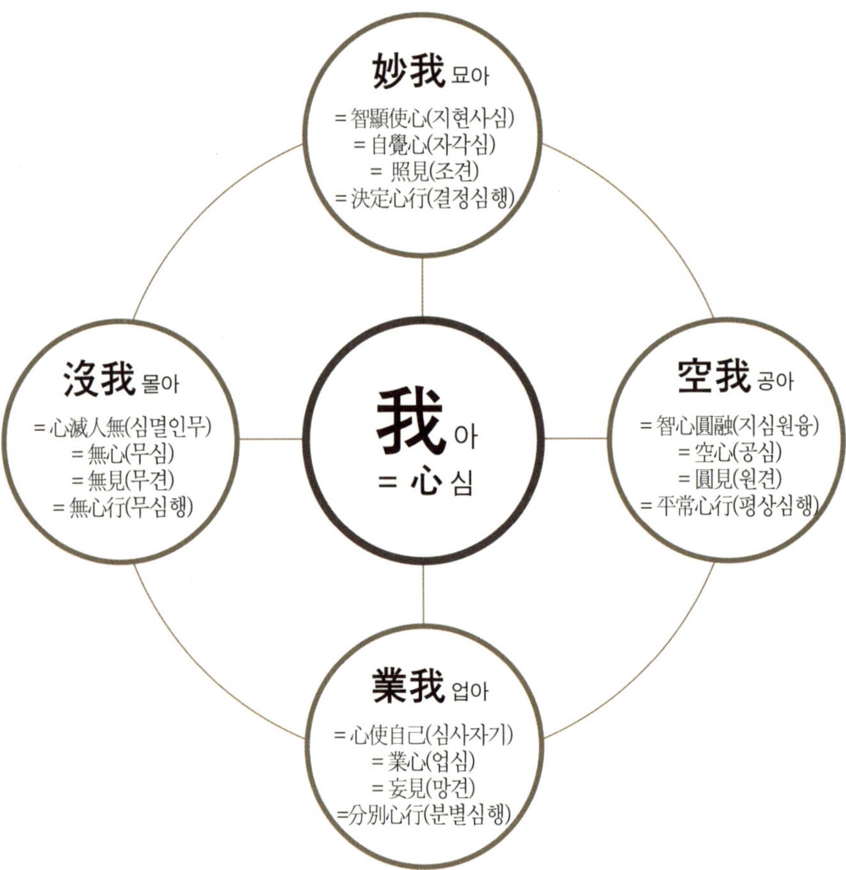

각설하고, 무문관 수행자의 견성성불(見性成佛)을 간절히 발원하면서, 무일선원 무문관을 후원하여 주시는 천수천안단(선방후원회) 회원 여러분에게 깊은 감사의 말씀을 올립니다. 여러분의 후원 덕분에 한국불교의 자긍심이 될 세계명상센터가 해변힐링마을 준공을 끝으로 완성 단계에 이르렀음을 알려드립니다.

감사합니다.

불기 2562년 8월 삼복염천에

한국불교대학 大관음사 無一선원 무문관에서

會主 無一 우학 합장

감포도량 세계명상센터의 꽃들 | Photo by 無一 우학

차례

무문자서(無門自序)

무문혜개(無門慧開) 스님의 서문

禪宗無門關

佛語心爲宗, 無門爲法門. 旣是無門, 且作麼生透. 豈不見道, 從門入者不是家珍, 從緣得者始終成壞, 恁麼說話, 大似無風起浪, 好肉剜瘡. 何況滯言句, 覓解會. 掉棒打月, 隔靴爬痒, 有甚交涉. 慧開, 紹定戊子夏, 首衆于東嘉龍翔. 因衲子請益, 遂將古人公案, 作敲門瓦子, 隨機引導學者. 竟爾抄錄, 不覺成集. 初不以前後敍列, 共成四十八則. 通曰無門關. 若是箇漢, 不顧危亡, 單刀直入. 八臂那吒, 攔他不住. 縱使西天四七, 東土二三, 只得望風乞命. 設或躊躇, 也似隔窓看馬騎, 貶得眼來, 早已蹉過.

선종의 문이 없는 관문이란?

부처님께서 말씀하신 가르침은 마음을 으뜸으로 삼고 문 없는 문을 법문으로 삼는다. 그런데 이미 문이 없다면, 어떻게 뚫고 나가겠는가?

"문을 통해 들어오는 것은 집안의 보배가 될 수 없고, 인연을 따라 얻은 것은 시작과 끝이 있어 이루어지면 무너진다."라는 말을 들어보지 못했는가?

이렇게 말하는 것조차 바람 없는데 파도를 일으키는 격이며, 멀쩡한 살을 찔러서 상처를 내는 것과 같다. 그러니 어찌 언어나 문자에 매달려 알음알이로 구하리요, 이는 막대기를 휘둘러 달을 치며, 신발을 신고 가려운 데를 긁는 것과 같은 꼴이니 무슨 좋은 결과가 있겠는가?

본인, 혜개(慧開)가 소정 무자년(1228년) 여름, 동가에 있는 용상사에서 대중들의 수좌로 있을 때, 법을 물어오는 납자들의 청에 따라 옛사람들의 공안을 ‘문을 두드리는 기와 조각’으로 삼아 각자 근기에 따라 공부하는 이들을 인도하였다. 마침내 간추려 기록하다 보니 이느새 책 한 권이 되었다. 애초부터 앞뒤 순서를 고려한 것은 아니었으며, 모아보니 48칙이 되었다. 이것을 통틀어 『무문관』이라고 이름을 붙였다.

만약에 어떤 사람이 목숨을 돌보지 아니하고 칼 한 자루 들고 곧바로 뛰어든다면, 팔이 여덟 개나 되는 신장도 그를 막아 붙잡아 두지 못할 것이며, 설령 서천의 스물여덟 조사와 동토의 여섯 조사라도 그 위풍을 바라보며 그저 목숨을 구걸할 것이다. 만약 주저하고 머뭇거린다면 달리는 말을 창을 통해 보는 것처럼, 눈 깜빡할 사이에 놓치고 말 것이다.

頌曰. 大道無門, 千差有路. 透得此關, 乾坤獨步.

게송으로 읊노니,
"대도에는 문이 없도다.
천 갈래 길은 있으니
이 관문을 뚫고 나아가면
온 천지 당당히 활보하리라."

無一講論(무일강론)

　『무문관(無門關)』은 선가(禪家)에서 간화선의 기본 텍스트로 널리 사용되어 왔다. 『벽암록』, 『종용록』 등의 선서(禪書)가 이미 편찬되어 있었지만, 간화선의 종지를 결론적으로 더욱 굳건히 제시한 공안집은 무문혜개 스님의 이 무문관이다. 무문관에서 제시한 48칙의 공안마다 화두참구하는 방법과 정법의 안목을 열어 주는 자비방편이 가득하다.

　무문혜개(1183~1260) 스님은 출가 후 월림사관(月林師觀) 선사의 문하에 들어가 조주 큰스님의 무자(無字) 화두와 씨름하였다. 6년이 지난 어느 날 점심공양을 알리는 북소리를 듣고 불법의 대의를 깨달았다. 스님의 오도송이다.

> "맑은 날에 한소리 큰 우뢰
> 대지의 중생들 눈 활짝 열었도다.
> 삼라만상이 한결같이 머리 조아리니
> 수미산을 뛰어넘어 덩실덩실 춤추도다."

스님은 월림사관 선사로부터 법을 계승한 이후 세상에 나와 중생을 구제하였다. 보인사를 비롯, 여러 사찰의 주지직을 역임하였으니 이(理)·사(事)를 종횡무진하는 대선지식의 행적이라 아니할 수 없다. 어록에 의하면 스님은 자기가 들어갈 탑을 만들고 곧바로 열반에 들었다. 스님의 임종게이다.

> "허공은 남도 없고
> 허공은 멸함도 없는 것
> 이러한 허공의 경지를 증득하면
> 허공과 다름없으리."

　무문혜개 스님은 자신의 화두였던 무(無)에 대한 확신을 특이한
게송으로 읊기도 하였다.

“無無無無無 無無無無無 無無無無無 無無無無無”

　현재 ‘무문관’ 이란 특수선방도 『무문관』 책으로부터 그 이름이
비롯되었다고 본다면, 스님의 법력은 시공을 초월하고 있다.

무문관일기

　무문(無門)의 가치는 탈 고정관념에 있다. '무문관'이라는 책이 먼저 그 역할을 하였고, 다음은 '무문관' 선방이 본을 보여주었다. 최근에는 '무문관' 영화가 기염을 토한다. 2013년, 부처님 오신 날 TBC 아침 생방송을 끝내고 담당 카메라 부장과 이야기를 나누던 중에, 그 부장이 내가 '3년간 무문관 수행을 들어간다.'는 말을 듣더니 악착같이 달라붙었다. 나는 마지못해 무문관 촬영을 허락하였는데, 그 부장은 보름이 멀다하고 4m 높이의 포행장 나무 울담에 고개를 내밀었다. 참으로 무문의 가치를 즐기면서 실행한 사람은 그 부장이었다. 지금 와서 작품을 보니, 무문관 마당을 맘껏 넘나드는 파랑새 같은 자유가 묻어 있었다.

　그러하다. 무문관이기 때문에 안 된다는 고정관념을 벗어 던진 기상천외가 사람의 일반적 사고 체계를 깡그리 부숴버렸다. 맞다. 자기 자리에서 벗어났을 때, 새로운 세상을 본다.

蓮台獨獅子(연대독사자)
鑽馳無門壁(찬치무문벽)
黑風中片舟(흑풍중편주)
傾大洋曠水(경대양광수)
獅與舟不二(사여주불이)
內外好時節(내외호시절)

연대산의 외로운 사자,
무문관 벽 뚫고 내달리니
태풍 만난 조각배,
큰 바다 기울여 물 비우도다.
사자와 배, 둘 아니니
안팎으로 좋은 시절이로다.

무문관일기

누가 무문관에 드는가.

무일선원 무문관을, 2005년 창건한 이래 관찰한다.

1. 못 다한 수행에 미련이 남아서

2. 세상일에 지치고 진절머리가 나서

3. 번거로운 일에서 해방되려고

4. 탐·진·치의 위태로움을 벗어나려고

5. 시기, 질투의 인간사가 꼴 보기 싫어서

6. 내면의 세계에 깊이 침잠하기 위해서

7. 강한 내공을 확립하려고

8. 평판조차 놓아 버리기 위해서

9. 대오(大悟)를 갈구해서

10. 재미 삼아 체험하려고

그런데, 무문관 근처에도 와 보지 않은 사람들이 더러 무문관 수행을 하찮게 여긴다. 정반대로 어떤 이들은 자격지심에 무문관을 도저히 범접할 수 없는 수행처로 생각한다.

무문관, 참으로 조건이 없는 집이다. 자기 생각을 놓아버리고 노크하기만 하면 된다.

趙州狗子(조주구자)

조주 큰스님의 무자(無字) 화두

가. 본칙(本則)

趙州和尙, 因僧問, 狗子還有佛性也無. 州云, 無.

조주 큰스님께 한 스님이 물었다.

"저 개에게도 불성(佛性)이 있습니까?"

큰스님께서 대답하였다.

"없다(無)."

나. 평창(評唱) 및 송(頌)

無門曰. 參禪須透祖師關, 妙悟要窮心路絶. 祖關不透, 心路不絶, 盡是依草附木精靈. 且道, 如何是祖師關. 只者一箇無字, 乃宗門一關也. 遂目之曰, 禪宗無門關. 透得過者, 非但親見趙州, 便可與歷代祖師, 把手共行, 眉毛廝結, 同一眼見, 同一耳聞. 豈不慶快. 莫有要透關底麼. 將三百六十骨節, 八萬四千毫竅, 通身起箇疑團, 參箇無字. 晝夜提撕. 莫作虛無會, 莫作有無會. 如呑了箇熱鐵丸相似, 吐又吐不出. 蕩盡從前惡知惡覺, 久久純熟, 自然內外打成一片. 如啞子得夢, 只許自知. 驀然打發, 驚天動地.

如奪得關將軍大刀入手, 逢佛殺佛, 逢祖殺祖, 於生死岸頭, 得大自在, 向六道四生中, 遊戲三昧. 且作麼生提撕. 盡平生氣力, 擧箇無字. 若不間斷, 好似法燭一點便著.

　무문 스님이 평하여 말하였다. 선(禪) 수행을 하고자 하면 반드시 조사의 관문을 뚫어야 하고, 오묘한 깨달음을 얻고자 하면 마음길이 끊어지는 경험을 궁구하지 않으면 안 된다. 조사의 관문을 뚫지 못하고 마음길을 끊지 못하는 이는 모두 풀잎이나 나무에 달라붙어 사는 정령(精靈)과도 같다.

　자, 말해 보라. 도대체 어떤 것이 조사의 관문인가?

　이 한 가지, 무자(無字) 화두만이 선종의 제일관문이다. 그래서 이를 일러 선종무문관(禪宗無門關)이라고 하는 것이다. 이 관문을 꿰뚫고 통과한다면 조주 큰스님을 친견할 수 있을 것이다. 뿐만 아니라 역대의 조사들과 함께 손잡고 같이 다니며, 눈썹과 눈이 맞닿아 있듯이, 같은 눈으로 보고 같은 귀로 듣게 될 것이다. 어찌 경사스럽고 유쾌한 일이 아니겠는가. 이 관문을 꿰뚫고 싶지 않은가?

　삼백육십 개의 뼈마디와 팔만 사천의 털구멍을 가진 온몸 그 자체가 의심덩어리가 되어 이 한 가지 ‘무자(無字)’ 화두를 들되 낮

이고 밤이고 잡도리해야 한다. 그렇지만, 이 무(無)를 허무(虛無)의 무로 여기거나, 유(有)·무(無)의 무라고 여기지는 말라. 꼭, 시뻘겋게 단 쇳덩이를 삼켜 버려 토해 내려고 하여도 토해 낼 수 없는 것과 같이 하여야 한다. 이제까지의 그릇된 지식과 잘못된 견해를 다 떨쳐 버리고 오래오래 잘 익히면 저절로 안과 밖이 하나가 될 것이다. 그것은 마치 벙어리가 꿈을 꾼 것처럼 스스로만 알고 다른 사람에게는 말해주지 못하는 것과 같은 체험이다. 갑자기 의정이 타파되면 하늘이 놀라고 땅이 진동할 것이다. 꼭 관우 장군의 큰 칼을 빼앗아 자신이 쥔 듯, 부처를 만나면 부처를 죽이고 조사를 만나면 조사를 죽인다. 생사의 갈림길에서 대자유를 얻고 육도와 사생의 세상에 있으면서도 유희삼매를 만끽한다.

이제, 어떻게 공부를 지어갈 것인가? 평생의 기력을 다하여 이 무자(無字) 화두를 들어라. 만일 끊어지지 않는다면, 법의 등불에 한번 '확' 하고 불이 붙어서 환한 경지가 될 것이다.

頌曰. 狗子佛性, 全提正令. 纔涉有無, 喪身失命.

무문 스님이 다시 게송으로 말하였다.
"개의 불성에 대한 큰스님의 한마디는

온전하게 제시된 바른 가르침이네.
어리석게, 있고 없고를 따지면
몸도 버리고 목숨도 잃게 되리라.”

다. 無一講論(무일강론)

무자(無字) 화두는 1700공안의 결정판이다.

어느 화두라도 깨치면 ‘무’자 화두는 저절로 알게 된다는 사람들도 있지만, 그것은 화두수행을 철저히 해보지 않은 미숙에서 비롯된 망발이다. 무자 화두야말로 가장 난이도가 높으며 공부의 결론이다. 그렇다면 이 중요한 무자화두의 핵심이 어디에 있는가?

분별심(分別心)의 제거이다. ‘불성이 있다, 불성이 없다.’라는 견해는 분별이다. 분별은 사고의 체계이므로 다분히 주관적 인식이다. 주관적 인식의 본질은 욕망이므로 분별심은 결국 욕망을 가져오고 중생고를 초래할 수밖에 없다.

분별과 사량을 모두 놓아버리고 무고안온의 절대경지에 들어가려면 대신근, 대분지, 대의정을 일으켜 밀어붙여야 한다.

‘개에게 왜 불성이 없는가?’

이 무(無)는 이미 유·무를 초월해 버렸다.

무문관일기

무문관 제1칙(1) | 2018.3.17 토요일

서울은 과연 서울이다. 서울도량을 갈 때면 늘 느끼지만 서울은, 사람의 모습을 한 존재라면 그저 모여드는 곳이다. 국내 모든 도량 불자들도 그러하고, 미국, 중국 등의 우리절 해외도량 불자들을 심심찮게 만나는 곳이 서울도량이다. 모든 일이 서울에서 해결되듯이, 모든 화두도 無字(무자) 화두에서 해결된다. 특별히 '불교적 강의 천자문'에서 조주 스님의 無(무)에 대하여 간곡히 물었다.

무문관일기

무문관 제1칙(2) | 2018.3.25 일요일

통도사를 다녀오다가 휴게소에 들렀는데, 괜찮은 책 한 권이 눈에 들어온다. '한국의 산나물' 250여 페이지짜리 포켓북으로 컬러이다. 값은 5천 원으로 근래 본 책 중에는 가장 잘 되었다. 산에 사는 나로서는 너무나도 요긴한 책이었다. 구입하여 차 안에서 대충 훑어보고 절에 와서도 한 번 더 보았는데 볼수록 괜찮다.

화두 또한 그러하다. 흔히 보이는 소재이면서 금방 의정(疑情)을 일으키는 화두가 좋은 화두이다. 조주구자(趙州狗子)의 화두는 깨끔하고도 깊은 맛이 있다.

무문관일기

무문관 제1칙(3) | 2018. 4. 2 월요일

엄마 품을 떠난 대여섯 살 여자아이가 부끄러워하면서도 내게 다가온다. 아이와 친하려고 내가 말을 건넸다.

"애야, 스님에게 뭐든지 물어보아라."

아이는 내 얼굴을 찬찬히 뜯어보더니 심각하게 묻는다.

"스님은 남자예요? 여자예요?"

삶에 있어서 묻는 것은 참으로 중요하다. 의식이 깨어 있지 않으면 물을 수 없다. 묻는 자가 대지를 딛고 서 있을 자격이 있다. 물을 것이 없다면, 저 여자아이처럼 남들이 보기에는 시시한 것이라도 물어 보라. 깨어 있는 두 눈의 반짝거림에 만고(萬古)의 비밀장(秘密藏)이 드러난다.

제 2 칙

百丈野狐(백장야호)

❦

백장 큰스님과 여우 이야기

百丈和尚, 凡參次, 有一老人, 常隨衆聽法. 衆人退, 老人亦退.
忽一日不退. 師遂問, 面前立者, 復是何人. 老人云, 諾, 某甲非
人也. 於過去迦葉佛時, 曾住此山. 因學人問, 大修行底人, 還落
因果也無. 某甲對云, 不落因果. 五百生墮野狐身. 今請, 和尚代
一轉語, 貴脫野狐. 遂問, 大修行底人, 還落因果也無. 師云, 不
昧因果. 老人於言下大悟, 作禮云, 某甲已脫野狐身, 住在山後.
敢告和尚. 乞依亡僧事例. 師令維那白槌告衆, 食後送亡僧. 大衆
言議, 一衆皆安, 涅槃堂又無人病. 何故如是. 食後只見師領衆,
至山後巖下, 以杖挑出一死野狐, 乃依火葬. 師至晚上堂, 擧前因
緣. 黃檗便問, 古人錯祇對一轉語, 墮五百生野狐身, 轉轉不錯,
合作箇甚麼. 師云, 近前來, 與伊道. 黃檗遂近前, 與師一掌. 師
拍手笑云, 將謂胡鬚赤, 更有赤鬚胡.

　백장 큰스님이 설법할 때마다 한 노인이 대중과 함께 법문을 들
었다. 그는 대중이 물러가면 같이 물러가곤 하였는데 어느 날은
물러가지 않았다.
　그래서 큰스님이 그 노인에게 물었다.

"내 앞에 서 있는 그대는 누구시오?"

노인이 대답하였다.

"예, 저는 사람이 아닙니다. 옛날 가섭불 시대에 이 절의 주지였습니다. 당시 어떤 학인이 '훌륭한 수행자도 인과(因果)에 떨어집니까, 떨어지지 않습니까?' 하고 묻기에 저는 '인과에 떨어지지 않는다.' 라고 대답했습니다. 그 때문에 오백생 동안이나 여우의 몸을 받게 되었습니다. 지금 큰스님께 간청하오니 저를 대신하여 딱 옳은 한 말씀을 해 주십시오. 그리하여 이 여우의 몸을 벗게 해 주십시오."

그리고는 그는 여쭈었다.

"훌륭한 수행자도 인과에 떨어집니까, 떨어지지 않습니까?"

이에 큰스님은 대답했다.

"인과에 어둡지 않느니라."

노인은 이 말이 떨어지자마자 크게 깨달았다. 그는 곧 예를 올리면서 말했다.

"저는 이제 여우의 몸을 벗게 되었습니다. 저의 껍데기는 뒷산에 남길 것입니다. 큰스님께 말씀드리기 죄송하오나 저를 돌아가신 스님들 장례 치르는 방식으로 해주십시오."

이에 큰스님이 유나 스님을 시켜 추를 쳐 대중을 모이게 한 뒤

“공양 후에, 어떤 돌아가신 스님의 장례가 있다.”고 일렀다. 대중 스님들은 서로 “온 대중들은 모두 건강하고 열반당에도 아픈 스님이 없는데 무슨 까닭으로 저런 말씀을 하실까?” 하며 수군댔다. 공양이 끝나자 큰스님은 대중을 이끌고 뒷산 바위 밑에 이르러 지팡이로 죽은 여우 한 마리를 끄집어 내었다. 그리고 스님 장례 하듯 다비해 주었다. 큰스님은 그날 저녁 법상에 올라 지금까지 있었던 일을 말씀하셨다. 이때 황벽 스님이 여쭈었다.

“그 노인은 한마디 대답을 잘못하여 오백생 동안 여우의 몸을 받았다고 했습니다. 그렇다면, 만약 한마디 어긋나지 않게 말했다면 어떻게 되었겠습니까?”

그러자 큰스님께서, “이리 가까이 오너라, 일러주리라.”라고 말씀하셨다. 그 말에 황벽 스님이 가까이 다가가더니 손바닥을 한 번 ‘탁’ 쳐 보였다. 그러자 백장 큰스님은 박수를 치며 웃으면서 말씀하셨다.

“달마의 수염은 붉다고 말하려 했더니 여기에 또 붉은 수염의 달마가 있구나.”

나. 평창(評唱) 및 송(頌)

無門曰. 不落因果, 爲甚墮野狐. 不昧因果, 爲甚脫野狐. 若向者
裏著得一隻眼, 便知得前百丈贏得風流五百生.

　무문 스님이 평하여 말하였다.

　'인과에 떨어지지 않는다.'고 말했는데 어찌하여 여우의 몸을
받게 되었는가? '인과에 어둡지 않다.' 라는 말은 어찌하여 여우의
몸을 벗게 하였는가?

　만약 이것을 알아차릴 수 있는 지혜로운 눈을 갖춘 자라면, 백
장 큰스님 앞의 그 노인이 오백생 동안 풍류를 누리고 있었음을
알 수 있으리라.

頌曰. 不落不昧, 兩彩一賽. 不昧不落, 千錯萬錯.

　무문 스님이 다시 게송으로 말하였다.
　"불락(不落)과 불매(不昧)여
　두 가지가 한바탕이네.
　불락(不落)과 불매(不昧)여
　천만 번 틀렸도다."

다. 無一講論(무일강론)

인과법과 해탈의 절묘한 조화를 보여주는 상황 전개이다. 각자(覺者)에게는 불락(不落)이 들어맞지만, 깨닫지 못하였으니 불매(不昧)라도 과분하다. 반야와 무명이 한 공간이듯, 깨달음과 미혹 또한 한 뿌리이다. 부처가 곧 중생이라지만 어느 쪽에서 보느냐에 따라 십만 팔천 리 거리가 생긴다. 선화(禪話)는 논리를 초월할 뿐 비논리적이지는 않다.

무문관일기

무일선원의 특별한 식물은 개똥쑥과 닥풀꽃이다. 2013년, 천일 무문관 수행에 들어갈 때 누가 두, 세 포기씩 넣어 주었는데, 햇수로 5, 6년이 지나면서 개체 수가 엄청나게 불어났다. 씨가 큰 푸대기로 가득이다. 가을에 씨를 받아 두었다가 그 다음 해 봄에 뿌리기를 반복한 성과이다.

올해는 개똥쑥 밭과 닥풀꽃 밭을 만들 요량으로 대중 울력을 부쳤다. 절 안에 사는 외호대중을 모두 소집했다. 먼저 포클레인으로 빈 논을 긁고 정리하였다. 그 다음, 두세 알씩 파종한 뒤 물을 주었다. 두어 달 후면 건강에 좋은 개똥쑥 맛을 보게 될 테고, 네댓 달 후면 보기만 해도 힐링 되는 닥풀꽃을 맘껏 볼 것이다. 농사를 짓다보면 뿌린 대로 거둔다는 옛말을 실감한다.

무문관일기

한번 생긴 업종자가 참 없어지지 않는다. 초등학교 1학년 막 입학해서 백일해를 앓았다. 3월의 어느 날, 담임이셨던 여자 선생님과의 철늦은 눈싸움을 끝으로 학교를 나가지 못했다. 결국, 1학년을 한 번 굽는 바람에 다른 아이들보다 한 살 많게 학교를 다녔다.

아무튼, 어릴 때 백일해 탓으로 늘 기관지가 좋지 못하였다. 감기를 달고 살았다. 요즘 와서 건강이 많이 좋아진 것 같은데도 자주 감기가 든다. 조심하느라고 늘 옷을 따뜻이 입고, 심지어는 잘 때도 마스크를 한다. 며칠 전부터 또 감기 기가 있다. 신입생 수업에 목소리가 나오지 않아 애를 먹었다. 그놈의 업이 참 끈질기도 하다.

제 3 칙
俱胝竪指(구지수지)

구지 큰스님, 손가락을 세우다

가. 본칙(本則)

俱胝和尙, 凡有詰問, 唯擧一指. 後有童子. 因外人問, 和尙說何法要. 童子亦竪指頭. 胝聞遂以刀斷其指. 童子負痛號哭而去, 胝復召之. 童子廻首, 胝却竪起指. 童子忽然領悟. 胝將順世, 謂衆曰, 吾得天龍一指頭禪, 一生受用不盡. 言訖示滅.

구지 큰스님은 언제나 누구의 질문을 받으면 오직 손가락 하나만을 세워 보였다. 어느 날 그 절 방문객이 "너희 큰스님께서는 어떻게 법을 설하시는가?" 하고 묻자 동자 역시 손가락 하나를 세워 보였다. 구지 큰스님은 이 이야기를 듣고 동자의 그 손가락을 날카로운 칼로 잘라버렸다. 동자는 아픔을 못 이겨 울부짖으며 달아났다. 구지 큰스님이 다시 동자를 불렀다. 동자가 고개를 돌리자 큰스님은 바로 손가락을 세워 보였다. 동자는 홀연히 깨달았다.

구지 큰스님은 임종에 이르러 대중들에게 말했다.

"내가 천룡(天龍) 선사로부터 일지두선(一指頭禪)을 배운 뒤 일생 동안 써먹었지만 다 쓰질 못하였다."

그러고는 곧 입적했다.

나. 평창(評唱) 및 송(頌)

無門曰. 俱胝幷童子, 悟處不在指頭上. 若向者裏見得, 天龍同俱胝幷童子, 與自己一串穿却.

무문 스님이 평하여 말하였다.

구지 큰스님과 동자가 그 깨달은 곳이 손가락 끝에 있지 않다. 만약 이것을 안다면 천룡 선사와 구지 큰스님과 동자, 그리고 자기 자신도 한 꼬챙이에 꿰는 것이 된다.

頌曰. 俱胝鈍置老天龍, 利刃單提勘小童. 巨靈擡手無多子, 分破華山千萬重.

무문 스님이 다시 게송으로 말하였다.
"구지 큰스님은 천룡 노선사를 적당히 얕보고
날카로운 칼로 동자를 시험하였네.
거령신이 별 조작도 안 하고 손을 들어
천만 겹의 화산을 쪼개 버렸듯이."

다. 無一講論(무일강론)

구지 큰스님이 작은 암자에 살고 있을 때에 실제(實際)라는 비구니가 찾아와서 삿갓을 쓰고 지팡이를 짚은 채 스님의 선상을 세 바퀴나 돌고는 석장을 우뚝 스님 앞에 세우고 서서 말하였다.

"큰스님께서 저의 질문에 대답을 하시면 삿갓을 벗겠습니다."

스님께서 대답을 하지 못하니 비구니는 그냥 떠나려고 하였다. 이에 스님은 말씀하셨다.

"날이 이미 저물었으니 하루저녁 묵어가도록 하시오."

비구니가 다시 말했다.

"제 질문에 대답을 하시면 묵어가겠지만 대답을 하지 못하시면 이대로 떠나겠습니다."하고는 잠시 후 가버렸다.

이에 스님은 혼자 탄식하였다.

"나는 명색이 사문이라고 하면서 비구니의 웃음거리가 되었다. 외람되이 장부의 형상을 갖추었으나 장부의 작용이 없구나! 이 산을 떠나 선지식을 두루 친견하리라."

그리고 조용히 사색에 드니 갑자기 어떤 신인(神人)이 나타나 이렇게 말했다.

"보름 안에 큰 보살이 오셔서 화상께 설법해 드릴 것이오."

　그런 지 열흘이 지나지 않아 천룡 노선사가 왔거늘 스님은 뛰어나가 발에 절을 하고 맞아들여, 모시고 서서 여러 날 전의 일을 자세히 이야기한즉 천룡 노선사가 손가락 하나를 보이니 당장에 활짝 깨달았다. 그 뒤 구지 큰스님 또한 스승 천룡 노선사처럼 손가락을 세워 보이는 일지선(一指禪)으로 수좌들을 제접하였다. 이상은 『조당집(祖堂集)』에 나오는 이야기이다.

　삼라만상의 근원자리는 청정하고 본연(本然)하다. 그리하여 있지 않은 곳이 없으며 또한 작용하지 않는 곳이 없다. 곡식 한 알, 꽃 한 송이에 온 우주가 들어가 있듯이 한 손가락 속에 만고의 진리가 갖추어져 있다. 한마디로 만법귀일(萬法歸一)이다. 손가락을 세우는 것은 연꽃이나 불자(拂子)를 드는 것과 같은 맥락이다. 작위(作爲)를 쓰지 않고 무심(無心)의 경지에서 행해진다면 그 어떤 수작도 기연(機緣)이 된다. 그렇지만 언어문자나 행위를 흉내 내는 것은 단호히 거부한다. 모방이나 가식의 허물은 칼로써 손가락이 잘리는 수모도 부족하다.

　실참실오(實參實悟)만이 살길이다.

무문관일기

무문관 제3칙(1) | 2018. 4. 6 금요일

사람들은 다 자기 나름의 사는 방법이 있다. 대구에서 감포로 내려가는 길에 채널을 박근혜 전 대통령 1심 선고 공판에 맞췄다. 아, 그런데 담당 김세윤 부장판사의 꼿꼿한 자세에 놀랐다. 대구 출발할 때 시작한 재판이 꼭 감포 도착할 때 쯤 끝났다는데 1시간 반 동안 한 번도 쉬지 않고, 그것도 물 한 모금 마시지 않고 원고를 읽어 내려갔다.

원고의 내용을 듣노라니 재판의 결론을 내기 위한 엄청난 공부 흔적들이 보인다. 판사라는 직업도 만만치 않구나 하는 생각을 하게 된다. 머리도 좋겠지만 그만한 노력도 해야 함을 새삼스럽게 느낀다. 내가 한 시간 법문하기 위해 10시간 이상 공부, 사색하는 것을 늘 말해 왔는데, 이제는 그 애기도 자제해야 할 것 같다.

무문관일기

무문관 제3칙(2) ｜ 2018. 4. 7 토요일

　문수전 뒤의 보리수 한 그루를 화엄동산 입구로 옮기는 작업을 한다. 종일 다른 일에 밀려 늦어졌다. 날이 많이 어둡다. 순전히 감으로써, "쾅" 땅을 곡괭이로 찧는데 흙 한 덩어리가 느닷없이 눈으로 날아들었다. 순식간의 상황이었다. 나도 모르게 감각적으로 눈을 감았다. 아—하, 플래시를 켜고 눈을 들여다보니 눈꺼풀 사이에 흙이 물려 있었다. 눈알까지는 미치지 아니하였다. 참으로 운이 좋은 날이다. 도를 깨닫는 일도 직감, 직관이 중요하다.

제 4 칙

胡子無鬚(호자무수)

달마대사는 수염이 없다

가. 본칙(本則)

或庵曰, 西天胡子, 因甚無鬚.

혹암 큰스님이 말씀하셨다.

"서천의 오랑캐, 달마대사는 어찌하여 수염이 없는가?"

나. 평창(評唱) 및 송(頌)

無門曰. 參須實參, 悟須實悟. 者箇胡子, 直須親見一回始得. 說
親見, 早成兩箇.

무문 스님이 평하여 말하였다.

참선은 반드시 실다운 참선이어야 하고 깨달음 또한 실다운 깨
달음이어야 한다. 이 오랑캐는 꼭 한 번은 친견하지 않으면 안 된
다. 그런데 친견했다고 말한다면 이미 두 명이 되고 말리라.

頌曰. 癡人面前, 不可說夢. 胡子無鬚, 惺惺添懵.

무문 스님이 다시 게송으로 말하였다.

  "어리석은 사람 앞에서
  꿈 이야기를 하지 말라.
  달마대사가 수염이 없다함은
  밝고 밝은 것에 흐린 것을 덧씌우는 꼴."

다. 無一講論(무일강론)

  달마대사는 언제부터인가 우리 불자들에게 텁석부리 수염의 인물로 각인되어 왔다. 스님들이나 화가들이 달마대사를 그릴 때에는 으레 빽빽한 수염을 턱 전체에 갖다 붙인다. 그래서 수염이 없는 달마대사는 아예 생각할 수가 없게 된 것이다. 그런데 이러한 턱수염의 이미지가 가득한 달마대사를 두고 혹암 큰스님은 다짜고짜 달마대사가 왜 수염이 없느냐고 생뚱맞은 말씀을 하시니 기가 찰 노릇이다. 이는 마치 나는 새를 쳐다보고 '어찌하여 날개가 없는가?' 하고 묻는 것이나 다를 바가 없다.

  그러고 보면 화두는 지천에 깔렸다.

  자아정체성을 부정하는 모든 말들이 화두가 된다. 그렇지만 이러한 류의 화두가 그리 쉽게 해결되지는 않는다.

그래서 옛사람들은 '달마대사가 왜 수염이 없는가?'라는 화두를 두고 '수천 선지식의 말을 합친 만큼의 가치가 있다.'고 칭송해 마지않았다.

'달마대사는 어찌하여 수염이 없는가?'

참으로 말길이 끊어져서 사량분별(思量分別)이 들어설 틈이 없다. 수염이 없다고 해도 걸림이 되고 또한 있다고 해도 걸림이 된다.

걸림은 진성(眞性)의 자유와 위배된다. 없다는 말에 걸리면 수염이 있는 것이 되고, 있다는 말에 걸리면 애시당초 없다는 전제를 무시하고 만다. 이런 모순이 또 어디 있겠는가.

있고 없음에 끄달리지 말고 닥치는 경계를 초월해서 살아가라는 노파심의 메시지가 담겨져 있음을 엿볼 수 있다. 그러한 힘을 기르기 위해 선(禪)이 필요하다. 따라서 선은 학문이 아니고 실재적 수행이다. 즉, 실참이다. 실참함으로써 실오가 있게 되는 것은 당연하다. 실참실오의 자리는 본래적인 마음자리이다. 상대적인 분별과 대립이 쉰 곳에는 버려야 할 망념도, 돌아가야 할 진성도 없다.

육조혜능 스님은 신수 스님의 게송 '부지런히 털고 닦아서 먼지 앉고 때묻지 않도록 하라.'는 말에 대해서 "본래 한 물건도 없는데 어느 곳에 먼지 앉고 때가 끼겠는가?” 하고 근원적인 가르침을 제시한 적이 있다.

본래 성품은 청정무구한 하늘과 같아서 그 어떤 망상의 구름에도 초연할 뿐이다.

달마대사의 진신(眞身)은 무상(無相)이다. 유(有)·무(無)의 차별경계에 떨어진 무상이 아닌 즉, 유·무를 초월하면서도 유·무를 포용하는 실상(實相)의 무상을 말한다. 이 무상의 달마대사를 친견하는 자리는 능견(能見)과 소견(所見)이 하나 된 곳이다. 참된 친견은 자신이 그렇게 되는 방법 외에는 달리 묘수가 없다.

직접 확인하여 추호도 의심이 없으려면 달마대사의 본래면목과 계합하면 된다. 그때 우리는 분명히 말할 수 있다.

달마대사는 왜 수염이 없는가를.

무문관일기

4월 초순의 연대산은 참 아름답다. 진달래와 산벚꽃이 바쁜 사람을 잡아 끈다. 남매탑을 지나 휘적휘적 걷다 보니 단숨에 산 정상에 섰다. 용담을 향해 내려오려다가 이불병좌 선방 쪽으로 방향을 틀었다. 재작년에 붙여 놓은 명언명구들이 그런대로 잘 달려있다. 내가 한 말인데도 '참 맞는 말이구나.' 하고 스스로 만족이 되는 글들을 만난다.

"다리와 엉덩이를 연화대로 삼고 거기에 자기 부처를 앉혀라."

"참선하고 기도할 그 순간에는 목적 의식도 버리고 오로지 집중하라."

그러하다. 대상과 하나가 되어 버려야 한다.

무문관일기

무문관 제4칙(2) | 2018. 4. 9 월요일

느닷없이 누가 작년의 일이라며 따진다.

"스님, 왜 부처님 오신 날 감포도량에서는 밥을 안 줍니까?"

여러 경로를 통하여 확인하여 보니 그런 일은 없었다. 참으로, 화두로 삼을 만하다. 절집 안에서는 초하루 등 재일에도 넉넉히 밥을 하는데, 부처님 오신 날에 밥을 안 한다는 것은 있을 수 없는 일이다.

'부처님 오신 날에 왜 밥을 안 줍니까?'

하하하…….

'달마대사는 왜 수염이 없는가?'

하하하…….

제 5 칙
香嚴上樹(향엄상수)

향엄 큰스님, 나무에 오르다

가. 본칙(本則)

香嚴和尚云, 如人上樹, 口啣樹枝, 手不攀枝, 脚不踏樹. 樹下有人, 問西來意, 不對卽違他所問, 若對又喪身失命. 正恁麼時, 作麼生對.

향엄 큰스님이 말씀하셨다.

"어떤 사람이 나무 위에 올라가서 입으로 나뭇가지를 문 채 손으로는 나뭇가지를 잡지 않고, 발로는 나뭇가지를 딛지 않고 있었다. 그때 나무 아래서 어떤 사람이 '달마대사가 서쪽에서 온 뜻이 무엇인가?' 하고 물었다. 만약 대답하지 않는다면 질문을 피하는 것이 될 것이고, 대답하면 몸을 상하고 목숨을 잃게 될 것이다. 그야말로 이와 같을 때에는 어떻게 해야 할 것인가?"

나. 평창(評唱) 및 송(頌)

無門曰. 縱有懸河之辨, 總用不著. 說得一大藏敎, 亦用不著. 若向者裏對得著. 活却從前死路頭, 死却從前活路頭. 其或未然, 直待當來問彌勒.

무문 스님이 평하여 말하였다.

설령 폭포수가 떨어지는 듯한 달변이라도 다 소용없다. 또 대장경의 가르침을 모두 설할 수 있어도 역시 소용없다. 만일 여기서 딱 알맞게 대응할 수 있다면 지금까지 죽어있던 것을 살리고, 지금까지 살아있던 것을 죽일 수도 있다.

혹시 그게 잘 안 된다면, 그대로 먼 훗날을 기다렸다가 미륵 부처님에게나 물어보아야 하리라.

頌曰. 香嚴眞杜撰, 惡毒無盡限. 啞却衲僧口, 通身迸鬼眼.

무문 스님이 다시 게송으로 말하였다.
"향엄 큰스님은 참으로 황당무계한 사람
그가 퍼붓는 독설은 끝이 없다네.
납승의 입을 벙어리로 만들어 놓고
온몸으로 신통의 눈을 뜨도록 하네."

다. 無一講論(무일강론)

입을 열어도 낭패고, 입을 다물고 있어도 낭패다. 입열음(開口)

과 입닫음(閉口) 사이의 틈새를 공략해야 살길이 있다. 목숨이 경각에 달렸으니 부귀영화인들 무슨 소용이 있겠는가! 탐낼 일도, 성낼 일도 깡그리 없어졌다. 입을 열어도 그르치고 입을 닫아도 그르치니 어느 한쪽을 택한다면 그것은 망심(妄心)에 기인한 분별(分別)이다.

양비(兩非) 즉, 둘 다 아니다. 선택을 용납지 않는다. 불개불폐(不開不閉)의 중도(中道)의 자리라야 무분별지(無分別智)가 된다. 무분별지에서는 죽음과 삶이 함께하고 순간과 영원히 함께한다. 용과 이무기가 뒤섞여도 관계없고, 중생과 부처가 같이 놀아도 간섭하지 않는다. 화두가 제대로 잡히면 무의식(無意識) 너머의 소식 즉, 무분별지의 땅에 이르게 되는데 그곳이 진정 살길이다.

발도 떼고 손도 놓은 상태에서 입으로 나뭇가지를 물었다는 것은 입은 아예 닫고 대답하라는 뜻이다. 이쯤 되면 일체의 언어 문자는 소용없게 되었다. 사구(四句)와 백비(百非)를 죄다 끊어버린 상태라야 한다.

만일, 백번 양보하여 나뭇가지를 물지 않고 멀쩡한 상태에서 '달마대사가 서쪽에서 온 뜻이 무엇인가?' 하고 묻는 말에 대답할 인물이라면 진퇴유곡(進退維谷)의 이러한 급박한 상황을 무난히 타개할 수 있는 유력인(有力人)이다. 이럴 수도 저럴 수도 없는 궁지에 처했을 때 어리석은 자는 포기해서 나락에 떨어지고 지혜 있는 자는 전혀 새로운 세상을 열어나간다.

향엄 큰스님이 대중에게 본칙(本則)의 화두를 던졌을 때 초(招) 상좌가 여쭈었다.

"나무 위에 오른 일은 묻지 않겠습니다. 나무에 오르기 이전은 어떻습니까?"

그러자 큰스님은 '허허' 하고 웃으시며 게송을 읊으셨다.

"병아리는 안쪽에서, 어미 닭은 바깥쪽에서 쪼으니

병아리가 어미 닭의 껍질을 깨쳤다.

병아리와 어미 닭 모두 함께 없으니

인연따라 한 치의 오차도 없구나.

한 가지 길을 조화로이 노래하니

묘한 구름 홀로 그윽하구나."

무문관일기

무문관 제5칙(1) | 2018. 4. 10 화요일

　도량을 거닐다가 무문관 수행을 해보겠다는 여신도를 만났다. 매스컴을 통해 나를 잘 알고 있고 존경한다는 말을 여러 번 되뇌였다. 통도사 아래의 신평마을에서 왔는데, 취운암 보살선방에서 정진하기도 하였다니 고향 사람을 만난 듯 반가웠다. 그래서 나는 "열심히 정진하라."는 말을 남기고 내 볼일을 보다가 한참 후에 시자를 통해 이해되지 않는 보고를 받았다. 그 여신도가 갔다는 것이다.

　"스님, 그 보살님이 주 거주처가 없고, 비상시에 연락할 사람을 가르쳐 달라고 하니, '그냥 혼자 산다.' 면서 머뭇거리더니 떠나갔습니다."

　나뭇가지를 물고 매달린 사람처럼, 말 못할 사정이 있는 게 분명하다. 그 여신도의 판단이 옳다. 원상태로 돌아가 버리면 그만이다.

무문관일기

무문관 제5칙(2) | 2018. 4. 11 수요일

지금, 참좋은이서중·고등학교는 명문의 반열에 오르기 위해 안간힘을 쓰고 있다. 월요일마다 시험을 치고, 매일 명상의 시간도 갖는다. 그리고 흡연 등 탈선행위도 철저히 단속한다. 심지어는 휴대폰도 거두어 버렸다. 전원 기숙사 생활을 하는 학교로서 이제 최상의 학습 분위기로 가고 있다. 학교 이사장인 나에게 보고가 올라왔다.

"포항이 집인 한 여학생이 밤만 되면 웁니다."

참 낭패다. 기숙사로 그 어머니를 불러 젖을 먹여야 하나? 아님, 모든 것을 포기하게 내버려 두어야 하나?

제 6 칙
世尊拈花(세존염화)

부처님, 꽃을 드시다

가. 본칙(本則)

世尊, 昔在靈山會上, 拈花示衆. 是時衆皆默然, 惟迦葉尊者, 破顏微笑. 世尊云, 吾有正法眼藏, 涅槃妙心, 實相無相, 微妙法門. 不立文字, 敎外別傳, 付囑摩訶迦葉.

옛날, 부처님께서 영산회상에서 설법하실 때 꽃 한 송이를 들어 대중에게 보이셨다. 그때 모든 대중은 다 침묵한 채 아무 말이 없었는데, 오직 가섭 존자만이 얼굴에 밝은 표정을 지으며 미소를 띠었다. 이에 세존께서 말씀하셨다.

"나에게 정법안장(正法眼藏)이 있는데, 열반의 묘한 마음이며, 참모습이되 모습이 없다. 미묘한 법문이라 문자를 세우지 않고, 교(敎) 외에 따로 전하려 한다.

이것을 마하가섭에게 부촉하노라."

나. 평창(評唱) 및 송(頌)

無門曰. 黃面瞿曇, 傍若無人, 壓良爲賤, 懸羊頭賣狗肉. 將謂多少奇特, 只如當時大衆都笑, 正法眼藏, 作麼生傳. 設使迦葉不

笑, 正法眼藏, 又作麼生傳. 若道正法眼藏有傳授, 黃面老子, 誑
諕閭閻. 若道無傳授, 爲甚麼獨許迦葉.

　누런 얼굴을 한 붓다가 방약무인(傍若無人)하게 양민을 억지로
노예로 만드는가 하면, 양의 대가리를 내걸어 놓고 개고기를 팔고
있다. 다소 기특하다고는 말할 수 있다. 하지만 그때에 대중 모두
가 빙그레 웃었다면 정법안장은 어떻게 전수되었을까?

　만일 가섭이 웃지 않았다면 정법안장은 또 어떻게 전수되었을
까?

　만약 정법안장이란 것이 전수되는 것이라고 말한다면 황면노자
(黃面老子)가 촌사람들을 속인 것이 되고, 또 만약 전수되지 않는
것이라고 말한다면 어찌하여 가섭 한 사람에게만큼은 허락하였을
까?

頌曰. 拈起花來, 尾巴已露. 迦葉破顔, 人天罔措.

　무문 스님이 다시 게송으로 말하였다.
　"꽃을 들어 올렸을 때
　이미 꼬리가 드러났다.

가섭은 빙그레 웃었으나
인간과 천인은 어쩔 줄 몰라 하네.”

다. 無一講論(무일강론)

정법의 안목을 갖춘 제자를 인가하는 성스러운 정법안장의 부촉 현장을 본다. 이른바, 삼처전심(三處傳心)의 하나이다. 삼처전심이라 하면 영산회상거염화(靈山會上擧拈花), 다자탑전분반좌(多子塔前分半座), 사라쌍수곽시쌍부(沙羅雙樹槨示雙趺)인데 특히 여기서 소개되는 ‘세존염화’ 의 전체 줄거리는 다음과 같다.

“세존께서 영축산에 법단을 마련하고 팔만 사천 대중을 모이게 하였다. 세존께서 단에 오르기 직전 대범천왕이 금파라(金波羅)라는 꽃가지 하나를 부처님께 올렸다. 대중들은 세존의 설법을 기대하며 묵묵히 기다리고 있었던 상황인데, 세존께서는 금파라를 들고 법단에 오르자마자 그 꽃가지를 번쩍 들어 대중에게 보일 뿐, 일언반구 한 말씀도 없으셨다. 이때 대중들은 그것이 무슨 영문인지 몰라 그저 묵묵히 지켜볼 뿐이었다. 그런데 단 한 사람, 가섭 존자만이 의미를 알아차리고 빙그레 웃었다. 그때 세존께서 ‘대중 가운데 가섭 한 사람만이 나의 뜻을 알았도다.’ 하시며 정법안장

(正法眼藏), 열반묘심(涅槃妙心), 실상무상(實相無相)의 미묘한 법
문을 마하가섭에게 부촉하셨다.”

세존께서 꽃을 들어 보이시는 격외(格外)의 몸짓으로 무분별한
본래의 자리를 보이셨다. 가섭은 이에 딱 맞게 줄탁동시(哱啄同
時)로 계합한 것이다. 여기에는 언어 문자가 이르지 못할 뿐더러
오히려, 언어 문자가 소용없다.

“세존께서 왜 꽃을 들어 보이실까?”

대사일번(大死一番)이 요구된다. 사무치고 사무쳐서 나를 완전
히 매몰시킨 무아(無我)의 경지에 들면 천사량만계교(千思量萬計
較)의 분별심이 쉬고 어느 순간 밝은 소식을 접할 수 있다. 부처님
께서는 열반에 드시기 직전 이미 팔만사천법문을 하셨음에도 불
구하고 ‘나는 한마디도 설한 바가 없다.’고 말씀하셨는데 여기
‘세존염화’의 이야기가 그 말씀을 대변하고 있다.

기실 꽃가지를 번쩍 들어 올린 것은 만고불역(萬古不易)의 진리
의 표상이 아닐 수 없다. 이는 사고(思考)라는 분별의식 이전의 소
식이며, 본래의 마음바탕 그대로를 보여주신 모습이다. 자신의 참
면목을 보려고 하는 수행자들은 이 같은 전혀 새로운 방식의 가르
침을 거부하지 않아야 한다.

무문관일기

무문관 제6칙(1) | 2018. 4. 12 목요일

　가끔 고물상을 들른다. 어제는 150년 된 축음기 하나를 아주 헐값에 들였다. 모양새도 그럴 듯 하지만, 소리도 고풍스러워 좋다. 명상, 힐링용으로 아주 제격이다. 때마침, 장 가르기 팀에게 차 한 잔을 드릴 기회가 있어서, 이것을 틀어놓고 감상하니 모든 상황이 꼭 오늘 이 순간을 위해 맞추어진 듯 하다.

　가섭이 미소 짓듯이, 다들 흐뭇해 한다. 오랜만에 공감의 시간 위에 섰다.

무문관일기

옛날 물건을 모아 파는 석조물 공원을 둘러보는데 한 보살님이 다가와 반갑게 인사를 건넨다. 대구큰절 14기에 다니다가 사정이 있어서 10년 전쯤 시골로 이사를 왔단다. 가릉빈가 합창단원으로도 활동했다고 한다. 그런데, 금방 그 보살님이 눈에서 사라졌다. 내가 무뚝뚝하게 대한 것이 마음에 남아 미안하였는데, 한 이십 분 만에 다시 나타났다. 립스틱도 바르고 얼굴에 좀 단장을 한 것 같았다. 성격이 활달하여 스스로 말한다.

"스님 뵙고 너무 반가워서, 좀 이쁘게 보이려고 화장했습니다. 아까는 맨얼굴이라서 좀….”

같이 따라갔던 시자와 신도님들이 우습다고 박장대소했다. 그런데 아주 솔직히 자기 감정을 드러내고 표현할 줄 아는 보살님이 참 '맑다'는 생각을 하였다. '사는 집이 석조물 공원 바로 옆집인데, 행운을 잡은 날'이라며 우리 일행을 곧장 집으로 초대해 주었다. 전생의 인연처럼, 처음에는 다소 생소하더니 차츰차츰 잠재의

식이 되살아나 고향 사람을 본 듯 눈에 익었다. 세상사 다 그렇듯
이 묘한 일이다.

제 7 칙
趙州洗鉢(조주세발)

조주 큰스님,
발우 씻으라고 하시다

趙州, 因僧問, 某甲乍入叢林, 乞師指示. 州云, 喫粥了也未. 僧云, 喫粥了也. 州云, 洗鉢盂去. 其僧有省.

조주 큰스님에게 한 스님이 찾아와 말했다.

"저는 이제 막 총림에 들어왔습니다. 부디 큰스님께서 가르침을 주십시오."

큰스님이 말씀하셨다.

"아침 죽은 먹었는가?"

스님이 대답했다.

"먹었습니다."

큰스님이 다시 말씀하셨다.

"그럼, 발우는 씻었는가?"

이 말씀에 찾아온 스님은 깨달은 바가 있었다.

나. 평창(評唱) 및 송(頌)

無門曰. 趙州開口見膽, 露出心肝. 者僧聽事不眞, 喚鐘作甕.

무문 스님이 평하여 말하였다.

조주 큰스님은 입을 열어 쓸개를 내보이고 심장과 간까지 밖으로 드러내었다. 그런데도 저 스님은 진짜 사실은 알아듣지 못하고, 종을 항아리라고 하고 있다.

頌曰. 只爲分明極, 翻令所得遲. 早知燈是火, 飯熟已多時.

무문 스님이 다시 게송으로 말하였다.

"너무나도 분명하기 때문에

도리어 알아듣는 데 더디다.

일찌감치 등불이 곧 불인 줄 알았다면

밥 지은 지 이미 오래되었을 것을."

다. 無一講論(무일강론)

『조주록(趙州錄)』에 실린 이야기이다.

조주 스님이 처음 남전보원(南泉普願) 대선사(大禪師)를 찾아갔다. 그때 남전 대선사는 방장실에 누워서 쉬고 있었는데 조주 스님이 오자 불쑥 물었다.

"어느 곳에서 왔는가?"

조주 스님은 답했다.

"서상원(瑞像院)에서 왔습니다."

남전 대선사가 다시,

"상서로운 모습을 보았는가?"라고 묻자

조주 스님은 "서상은 보지 못하고 누워있는 여래는 보았습니다."라고 대답했다.

남전 대선사는 벌떡 일어나서, "그대는 주인이 있는 사미냐? 주인이 없는 사미냐?"라고 물었다. 이에 조주 스님은 "주인이 있는 사미입니다."라고 대답했다.

남전 대선사는 또 "주인이 누구인가?"라고 물었다. 조주 스님은 몸을 굽히며, "동짓달은 매우 춥습니다. 바라옵건대 큰스님께서는 기거하심에 존체(尊體) 만복하십시오."라고 답했다.

남전 대선사는 기특하게 생각하고 입실(入室)을 허락하였다. 두 분의 대화는 애초부터 어렵지도 않거니와 다분히 현실적이다. 오가는 문답(問答)이 곱씹을수록 재미가 난다. 여기서 소개되는 '조주세발'의 화두 또한 조주 큰스님이 남전 대선사를 처음 뵈었을 때의 대화처럼 할(喝)을 한다거나 방(棒)을 휘두르는 과격함이 전혀 없이 일상언어 속에서 조용한 깨우침을 제시하고 있다.

우리는 日用而不知(일용이부지)를 염두에 둘 필요가 있다. 행·주·좌·와·어·묵·동·정(行·住·坐·臥·語·默·動·靜)의 일상사(日常事)가 도행(道行) 아님이 없을 때 살아있는 공부인(工夫人)이다.

생사대사(生死大事)의 해결도 결국은 조고각하(照顧脚下)에서 비롯된다는 사실을 깨닫지 않으면 안 된다.

일상의 모든 일을 마음으로 자각하고 생활 가운데 자기 자신을 잃어버리지 않는다면 진리, 깨달음이라는 거창한 말들이 굳이 소용없다. 저 『금강경』의 서분(序分)에서 보이는 내용도 이런 점에서 재미있다. 부처님의 극히 일상적 행위에 대해서 수보리가 찬탄해 마지않는 장면은 가히 충격적이다. 어떠한 진리나 도(道)도 일상성을 떠나서는 아무런 의미가 없음을 금강경은 직접적으로 보여주고 있다.

현성공안(現成公案)이란 말이 있듯이 '지금 바로', '여기 이곳'에서 자기의 일상생활을 잘 펼쳐나가는 사람이 진실한 깨달음의 구현자이다.

공양을 하였으면 발우를 씻는 일이 당연하지 않은가!

무문관일기

무문관 제7칙(1) | 2018. 4. 14 토요일

채소를 심어 놓으니 채소밭이다. 휑하던 포행장 마당이 꽉 찬다. 올해는 파프리카, 상추, 방울토마토가 대세이다. 휴대폰의 질 좋은 카메라 때문에 이제는 무용지물이 된 큰 카메라 부속품인 삼각대를 찾아서 지줏대 삼아 세우니 아주 딱 이다. 방울토마토가 잘 기어오를 것 같다.

아침 봄 햇살이 피부를 그을릴 만큼 따갑다. 물조리개 대여섯 번 날라 물을 푹 주니 갓 시집 온 새색시들의 몸매가 반짝반짝 빛난다.

무문관일기

무문관 제7칙(2) | 2018. 4. 15 일요일

지금적시(只今適時), 즉 지금이 적당한 때이다. 봄비가 아주 때맞춰 내린다. 꼭 일부러 부른 듯이 온다. 수일간에 걸친, 아홉 말짜리 100개 단지의 장 가르기도 어제까지 잘 끝났다. 큰절 하늘법당에서 가져와 며칠 전에 심은 맥문동이며, 여러 식물들도 꼭 물이 필요한 시기이다. 그리고 여기저기 뿌려 놓은 꽃씨들과 어제 심은 채소 모종들도 오늘 비가 무척 유용하다.

사람은 제 때의 할 일을 놓치는 수가 많은데, 자연은 그렇지 않다. 밥을 먹었다면 뒷설거지 하는 게 자연스러워야 진리적이다.

제 8 칙
奚仲造車(해중조차)

해중의 수레 만들기

가. 본칙(本則)

月庵和尙問僧, 奚仲造車一百輻. 拈却兩頭, 去却軸. 明甚麼邊事.

월암 큰스님이 어느 스님에게 물었다.

"해중이라는 사람이 백 개의 바큇살이 들어가는 수레를 만들면서 두 바퀴를 지탱하는 굴대를 빼버렸다. 이는 도대체 무엇을 밝히고자 한 것이겠는가?"

나. 평창(評唱) 및 송(頌)

無門曰. 若也直下明得, 眼似流星, 機如掣電.

만약 이것을 바로 깨달을 수 있다면 눈은 유성(流星)과 같고 기(機)는 섬광과 같을 것이다.

頌曰. 機輪轉處, 達者猶迷. 四維上下, 南北東西.

무문 스님이 다시 게송으로 말하였다.

"수레바퀴가 굴러가는 곳에서는

뛰어난 사람도 어리둥절하게 된다.

동서남북과 사유상하(四維上下)를

자유로이 돌아다니게 될 것이다."

다. 無一講論(무일강론)

해중(奚仲)은 중국의 상고시대인 하(夏)나라 사람으로 소나 말이 끄는 수레를 처음 고안한 발명가이다. 수레 만들기 1인자인 셈이다. 그런데, 해중은 괴각을 부리듯 바큇살이 백 개나 되는 훌륭한 수레를 만들면서 양쪽의 바퀴를 꿰고 있는 굴대를 빼버렸다. 수레의 가장 중심축인 굴대를 뽑아버렸으니 어쩌자는 것인가? 즉, 양쪽 바퀴를 꿰고 있는 굴대를 제거하면 어떤 현상이 일어날 것인가를 묻고 있다. 무문혜개 스님은 굴대를 제거한 수레바퀴가 굴러가는 곳에서는 뛰어난 사람도 어리둥절하게 된다고 자기 의견을 피력하고 있다. 오히려 한술 더 떠서 동서남북과 사유상하를 자유로이 돌아다니게 될 것이라고까지 말한다. 여기서 굴대는 우리들의 삶의 현실을 꿰고 있는 업보의 축(軸), 인과의 축이라고 볼 수 있다. 중생이 중생일 수밖에 없는 것은 이 때문이다.

그것은 결국 현실적으로는 고정관념이나 틀, 집착의 굴대이다. 참으로 허망하기 짝이 없고 오히려 괴로움의 원인이 될 그런 쓰잘 데 없는 것에 범부중생들은 목숨을 건다. 굴대를 제거하면 금방이라도 모든 것을 잃을 것 같지만, 오히려 빼버리고 나면 온 천하는 자기 것이 된다.

살활자재(殺活自在)하는 대기대용(大機大用)은 상식과 인식의 범위를 초월하지 않으면 안 된다. 즉, 무심(無心)의 지혜작용은 굴대 빠진 수레바퀴가 자유롭게 시방세계를 구르듯 우리들을 자유자재하게 살도록 한다.

그러한 면에서 '제8칙의 해중조차'는 차사문의(借事問義)의 논법이 특출한 공안이다. 자아의식을 완전히 날려 보내고 그저 텅 비워 버리려면, 사상(四相)을 수행의 금강방망이로 여지없이 깨부수어야 한다. 아상, 인상, 중생상, 수자상은 차별과 분별이라는 번뇌, 망심(妄心)일 뿐이다.

망념(妄念)의 자기 자신이 없어지고 나면 본래의 참된 모습인 진실의 자기가 드러난다. 전도된 생각을 초월하고 깨달음에라도 집착하지 않아야 자기 스스로가 굴대 빠진 수레가 되어 시방세계를 무애자재하게 활보할 수 있다.

정반성(定盤星)을 인정하지 말라는 말이 있다. 정반성이란 천칭 저울의 중앙막대기 기점에 있는 별 표시(星印)를 말하는데 이것은 물건의 무게 경중(輕重)에는 아무런 관계가 없다. 저울대의 중앙을 표시하는 것일 뿐인데 수준이 낮은 사람들은 여기에 신경 쓴다. 참선에서 이 비유를 쓰는 것은 언어, 문자에 집착하지 말라는 경고이다.

생각의 담을 허물고 인식의 카테고리를 벗길 일이다. 무심(無心)의 작용(作用), 공(空)의 실천적인 중도(中道)의 묘용(妙用)을 살려낼 때 마음의 수레는 사방천지 종횡무진 할 수 있다.

대자유의 삶에는 굴대가 필요치 않다.

무문관일기

무문관 제8칙(1) | 2018. 4. 17 화요일

　이제 한국불교는 두 바퀴를 지탱하는 굴대를 빼버린 것처럼 희망 없다. 「한국불교대학 제1기 모집 무일선원」 감포도량 무일선원을 활성화하려는 마음으로 현수막을 열 개나 걸었지만 감포 읍내 사람들이 한 명도 입학하지 않았다. 입학식 며칠 전까지도 문의 자체가 없었다. 한국불교대학처럼 인지도가 있는 교육기관에서조차 죽을 쑬 정도면 우리나라 불교는 이미 서산을 지고 있는 태양과 다름없다.

　그런데, 오늘 저녁 감포도량 무일선원 저녁반에 들어가 보니 16명이나 되는 대군이 앉아 있다. 다소 시간이 필요하겠지만, 빛 잃은 태양이 밤중을 거쳐 동쪽 바다를 황금으로 물들이는 아침 세월이 올 것이라는 희망을 갖는다. 고목은 썩고 거기서 새움이 틀 날을 기다린다.

무문관일기

출가하려는 사람이 없다. 그토록 염원하던 천 개 도량은 물 건너갔다. 스님이 없는데 절이 무슨 소용 있겠는가. 절 없는 스님보다, 스님 없는 절이 더 우스꽝스럽다. 불교 텔레비전을 통하여 그토록 출가 모집 광고를 해대는데도 별 반응이 없다. 수십 년 안에 많은 절들은 그저 빈 건물로 남을 게 뻔하다. 창고처럼 될 수도 있다. 궁여지책으로 나는 생각하였다. 굴대가 빠지면 끝인가? 이 없으면 잇몸으로 씹을 일이다.

가정마다 「정토가정법당」을 열기로 하였다. 정토가정법당은 가정마다 관세음보살을 모시고 재가승(在家僧)이 감원(監院)이 되어 수행을 일상화하는 새로운 모델이 될 것이다. 그래서 약 10년 동안, 만 개의 정토가정법당을 열 계획이다. 출가승이 없는 불교, 재가승이라도 움직여줘야 한다.

大通智勝(대통지승)

대통지승 부처님

興陽讓和尚, 因僧問, 大通智勝佛, 十劫坐道場, 佛法不現前, 不
得成佛道時如何. 讓曰, 其問甚諦當. 僧云, 旣是坐道場, 爲甚麼
不得成佛道. 讓曰, 爲伊不成佛.

흥양(興陽)의 청양(淸讓) 큰스님께 어느 스님이 여쭈었다.

"대통지승불은 십겁(十劫)이라는 오랜 세월을 도량에서 좌선했
지만, 불법(佛法)이 나타나지 않아 불도(佛道)를 이루지 못했다고
합니다. 이것은 도대체 무슨 의미입니까?"

그러자 청양 큰스님이 대답하셨다.

"그 질문이 제법 이치에 맞구나."

그 스님은 거듭 여쭈었다.

"이미 그렇게 도량에서 좌선을 하고 있었는데, 어째서 불도를
이루지 못했는지요?"

청양 큰스님이 대답하셨다.

"그가 성불하지 않았으니까 그렇지."

나. 평창(評唱) 및 송(頌)

無門曰. 只許老胡知, 不許老胡會. 凡夫若知卽是聖人, 聖人若會卽是凡夫.

다만 늙은 부처가 지혜로써 아는 것은 인정하지만, 알음알이로써 이해하는 것은 용납할 수 없다. 범부도 지혜를 얻으면 바로 성인이라 하고, 성인이라도 분별심을 내면 바로 범부인 것이다.

頌曰. 了身何似了心休, 了得心兮身不愁. 若也身心俱了了, 神仙何必更封侯.

무문 스님이 다시 게송으로 말하였다.
"몸을 닦는 것이 어찌 마음 닦아 쉬는 것만 할까?
마음을 닦아내 버리면 몸은 근심 없어지는 것을
만약 몸과 마음 둘 다 닦아졌다면
신선에게 다시 작위를 줄 필요가 있겠는가?"

다. 無一講論(무일강론)

본 화두에서 인용되는 대통지승불의 이야기는 『법화경』 화성유

품(化城喩品)에 근거한다.

"대통지승불이 보리도량에 앉아서 온갖 마구니를 항복 받고 무상정등정각을 이루려 할 때 불법(佛法)이 앞에 나타나지 않았다. 그래서 십 소겁까지 가부좌를 틀고 앉아 몸과 마음을 움직이지 않았는데도 역시 불법이 현현하지 않았다."

참선은 마음을 다스리는 공부이지 몸을 훈련시키는 공부가 아니다.

수레를 끄는 소가 그 수레를 잘 끌지 못하면 '소를 때려야 하느냐, 수레를 때려야 하느냐?' 하는 말이 있다. 소에 매질을 해야지 수레에 매질해서야 무슨 소용이 있겠는가! 제대로 가부좌를 틀고 앉아있지 못하면 십 겁이 아니라 백천 겁이라도 아무 소용없다. 외형만의 좌선을 고집하다 보면 평생을 해도 깨치지 못한다. 끽반운작(喫飯運作)중에서도 선(禪)이 되어야 공부라 할 수 있다. 즉, 동중지공부(動中之工夫)까지 되어야 하는데 그냥 앉아있는 흉내만으로는 어림없다. 이쯤되면 정중지공부(靜中之工夫)의 요체가 분명해진다. 마음공부가 순숙(順熟)해지면 직심시도량(直心是道場)이 결코 건방진 말이 아니다. 운시급수(運柴汲水)가 모두 선(禪)이 되었을 때 활선(活禪)이라 할 수 있다. '제9칙 대통지승'에 대한 전혀 빛깔이 다른 답이 『임제록』에 나오고 있다.

자칫 잘못 생각하면 다기망양의 헝클어진 사상이 선(禪)인 듯하여 혼돈스러울 수도 있으나 열린 사고, 자유의지를 존중하는 것이 선의 큰 특징임을 확인할 수 있다.

임제의현의 말씀이다.

"대통이란 바로 자기 자신이니, 어디서나 만법의 무성(無性)과 무상(無相)을 통달하는 것을 말한다. 지승이란 일체의 모든 곳에서 한 법도 얻을 것이 없음을 의심하지 않는 것을 말한다. 부처란 청정하고 밝은 마음이 시방법계를 사무쳐 비추는 것을 이름 한다. '10겁 동안 도량에 앉았다.' 하는 것은 십바라밀을 닦은 것이다. '불법이 나타나지 않았다.'고 하는 것은 부처는 본래 나지 않고(佛本不生), 법은 본래 없어지지 않는 것(法本不滅)인데, 거기서 무엇이 나타나겠는가?

'불도를 이루지 못했다.'고 하는 것은 부처가 다시 부처가 되지는 않는다(佛不能更作佛)는 뜻이다. 그러므로 옛사람이 이르기를, '부처는 항상 세간에 계시면서도 세간법에 물들지 않는다.'고 하셨다."

수증일여(修證一如)라!

불도를 이루려는 마음 또한 번뇌임을 자각해야 한다.

무문관일기

영화 '무문관'이 개봉되었다. 무문관은 2013년 4월 15일부터 2016년 1월 15일까지, 천 일간의 무일선원 무문관 수행이 본론이다. 사실, 무문관 수행 특성상, 내부를 스케치하는 것은 거의 불가능하다. 완전 폐관한 공간이기 때문이다. 당시에 같이 정진하였던 스님들의 이해와 아량이 있었기에 가능한 일이었다. 애초 불사(佛事)의 계기는, 알고 지내던 박대원 감독이 2013년 4월 8일 부처님 오신 날 TBC 생방송 때, 나로부터 '천 일 무문관 정진' 계획을 듣고는 집요하게 따라 붙으면서 꼭 촬영하게 해달라는 간청에, 나의 고집이 꺾여 일이 여기까지 진행된 것이다. 그런데, 영화는 아주 잘 된 것 같다. 생각 없는 시기, 질투꾼들의 마장을 이기고 영화 '무문관'이 성공한다면 포교적인 면은 말할 것도 없고, 국민의 정서 안정에도 큰 도움이 될 것으로 본다. '무문관'은 명상힐링 영화이다.

무문관일기

무문관 제9칙(2) | 2018. 4. 20 금요일

모바일 뉴스에 돌미나리를 뜯는 장면이 나오면서, '농약 투성이이니 조심하라' 는 경고 멘트가 뜬다. 취재 기자가 마이크를 갖다 대니, 시골 아주머니가 아주 당당하게 말한다.

"내 먹을 게 아니니까 상관없다…."

장소는 농약을 많이 치는 과수원이다. 시골 깊숙이까지 농약보다 더한 돈독이 올랐다. 대통지승 부처님이 10겁이 아니라 100겁이라도 기다려야 할 것 같다.

제 10 칙

淸稅孤貧(청세고빈)

청세의 가난

가. 본칙(本則)

曹山和尙, 因僧問云, 淸稅孤貧, 乞師賑濟. 山云, 稅闍梨. 稅應諾. 山曰, 靑原白家酒, 三盞喫了, 猶道未沾脣.

조산(曹山) 큰스님께 청세(淸稅) 스님이 물었다.

"저, 청세는 몹시 외롭고 가난합니다. 큰스님께서 은혜를 베풀어 구제하여 주십시오!"

큰스님은 이에 "청세 스님!" 하고 불렀다.

스님은 "예!" 하고 대답하였다.

큰스님께서 다시 말씀하셨다.

"그대는 청원 땅의 백씨네 술을 이미 석 잔이나 마셨으면서도, 아직 입술도 적시지 않았다고 하는구나!"

나. 평창(評唱) 및 송(頌)

無門曰. 淸稅輸機, 是何心行. 曹山具眼, 深辨來機. 然雖如是, 且道, 那裏是稅闍梨喫酒處.

청세의 매끄럽지 못한 행동은 어떤 마음에서 나온 것일까?

조산 큰스님은 이미 안목을 다 갖추고 있어서 찾아온 사람의 근기를 꿰뚫어보고 있다.

비록 그렇다 할지라도 한번 말해보라. 도대체 어느 곳이 청세가 술을 마신 자리인가?

頌曰. 貧似范丹, 氣如項羽. 活計雖無, 敢與鬪富

무문 스님이 다시 게송으로 말하였다.

"가난하기는 고결한 선비, 범단(范丹)을 닮았고

기세는 저 항우(項羽)와도 같구나.

한 푼도 없어 생계도 못 이끌어 가면서,

감히 조산 큰스님과 더불어 부(富)를 다투다니."

다. 無一講論(무일강론)

청세 스님이 고빈(孤貧)하다는 마음을 갖고 조산 큰스님께 법거량을 요청하는 장면이다. 가난하다고 말하지만 아직 마음에 잔상이 많음을 스스로 드러내는 실수를 하고 있다. 청세 스님 자신은 반야(般若)의 진공무상(眞空無相)의 경계를 터득했다고 자부하지만, 본래무일물(本來無一物)의 필경공(畢竟空)에는 계합하지 못함이 보인다.

조산 큰스님은 밑천이 부족한 청세 스님이 자기의 가난을 인정해 달라는 말에 단 한마디로 시험하면서 훈계하신다.

"청세 스님" 하고 부르자 "예" 하는 순간에 상황은 끝났다. 텅 비워 잘났다는 사람이 명상(名相)에 사로잡혀 곤혹을 치르고 있는 것이다.

천하의 명주라는 백씨네 술을 석 잔이나 마시고도 입술을 적시지 않았다고 겸손한 척하는 청세 스님은 아직 공부가 덜된 것이 분명하다.

수행자에게 있어서 가난은 미덕이다.

그 가난은 물질적 가난이 아니라 마음의 가난이어야 한다. 아무데도 집착할 것이 없고 그 어떤 상황에도 분별심이 일어나지 않아야 가난하다고 할 수 있다.

저 유명한 한산자(寒山子)는 정신의 가난이 정말 가난한 것(神貧始是貧)이라고 읊은 적도 있다. 탐·진·치 삼독심으로 가득차 있어서는 제아무리 물질적으로 적게 가지고 있다손 치더라도 마음의 가난은 아니다. 마음의 가난은 끊임없는 자기 성찰에 근거한 철저한 수행에서 비롯된다. 공부가 익고 익어서 지난해에는 하도 가난하여 송곳 꽂을 땅이 없다 하였는데 올해는 더욱 가난하여 꽂을 송곳마저 없다고 한 옛 스님의 행적을 귀감 삼지 않으면 안 된다.

그런데 이 가난이 가난해졌다는 마음까지 없어졌을 때 참가난이라 할 수 있다. 가난의 뿌리조차 파헤쳐졌을 때 가식도 체면도 죄다 날아가고 텅 빈, 오롯한 자신이 존재한다. 청세 스님은 그런 점에서 미흡했다. 고빈(孤貧)하다면 그뿐이지 무엇 때문에 구걸하듯 인정을 받으려 하였는지….

그러니 조산 큰스님은 "청세 스님" 하고 그의 이름을 불러 상(相)을 부수는 자비를 보여주는 것이다.

진실로 그 마음이 무상(無相)하였을 때 무생(無生)이 되는데 청세 스님의 부족함이 여기에 있다.

아집의 본질은 늘 갈등과 모순을 동반한다는 사실을 놓쳐서는 안 된다는 메시지를 던지고 있다. 무일물(無一物)하여야 무진장(無盡藏)한 세상을 자유로이 노닐 수 있다.

무일물(無一物)! 참으로 쉽고도 어려운 말이다.

무문관일기

무문관 제10칙(1) | 2018. 4. 21 토요일

연대산 관음봉, 산불 초소에 청빈한 거사가 있다. 30년을 말뚝 수좌처럼 지키고 앉았다. 오랜만에 들렀더니, 얼마 전에 죽은 친구를 위해 소나무 가지에 잔을 달아매어 놓고 매일 소주를 올린단다. 참 착하다.

이런 저런 얘기를 하다가, 동병상련의 감정을 나누었는데, 초소 거사도 나처럼 약한 기관지 때문에 감기가 잦았단다. 그런데 바로 뒷날 자기가 먹던 산초기름 반 병, 직접 캐서 만든 칡즙 한 박스, 토함산 기슭에서 딴 잣 세 통, 자작나무에서 뽑은 고로쇠 물 한 통을 가지고 절에 왔다. 고맙기 그지없다.

나는 며칠 후 홍삼 엑기스 한 병을 들고 일부러 산불 초소를 찾았다.

"다음엔 꼭 절에서 차 한 잔 합시다."

연대산 맑은 바람이 등짝에 베인 땀 열기를 식힐 때까지 얼른 마주하며 시간 보냈다.

무문관일기

무문관 제10칙(2) | 2018. 4. 22 일요일

출가하려는 자(者)는 모든 것을 놓아야 한다. 혹, 자식이 있다면 친권까지 포기해야 출가가 허락된다. 세속의 돈, 권력, 명예 따위엔 아랑곳하지 않아야 한다. 가난도 인식하지 못한 채, 아무것도 갖고 있지 않을 때 진정 출가라 할 수 있다. 그저 걸치는 옷 몇 가지와 발우 한 벌로 만족하지 못한다면 이미 수행자가 아니다. 지금 같은 물질 만능주의의 풍조 속에서도 선근 종자가 충실하여 그 모두를 버리고 출가하는 사람들이 있다. 참으로 다행하다.

오늘 두 행자의 법명을 지었다. 혜광(慧光), 대진(大眞)이다.

제 11 칙
州勘庵主(주감암주)

조주 큰스님, 암주를 간파하다

가. 본칙(本則)

趙州, 到一庵主處問, 有麼有麼. 主竪起拳頭. 州云, 水淺不是泊
舡處, 便行. 又到一庵主處云, 有麼有麼. 主亦竪起拳頭. 州云,
能縱能奪, 能殺能活, 便作禮.

조주 한 암주(庵主)의 처소에 이르러 물었다.

"누구 계시는가? 누구 계시는가?"

암주가 주먹을 세워 보였다.

이에 조주 큰스님은 '물이 얕아서 배를 댈 곳이 못 된다.' 하고
떠났다.

그리고는 다른 암주의 처소에 이르러 물었다.

"누구 계시는가? 누구 계시는가?"

그 암주도 역시 주먹을 세워 보였다.

조주 큰스님은 '능히 놓아주기도 하고 능히 빼앗기도 하며, 능
히 죽이기도 하고 능히 살리기도 하는구나.' 하고 얼른 절하였다.

나. 평창(評唱) 및 송(頌)

無門曰. 一般竪起拳頭, 爲甚麼肯一箇, 不肯一箇. 且道, 詿訛在甚處. 若向者裏下得一轉語, 便見趙州舌頭無骨, 扶起放倒, 得大自在. 雖然如是, 爭奈趙州却被二庵主勘破. 若道二庵主有優劣, 未具參學眼. 若道無優劣, 亦未具參學眼.

　주먹을 세워 보이기는 똑같은데, 어찌하여 한쪽은 긍정하고 다른 쪽은 부정하였을까? 일러보라. 이렇게 말이 어긋나는 까닭이 어디에 있을까?

　만약 그 속사정에 대해서 한마디 할 수 있다면, 곧 조주 큰스님의 혓바닥에 뼈가 없어, 부축해 일으켜 세우고 밀어서 넘어뜨리는 것을 마음대로 한 것임을 알게 된다. 비록 그러하나, 조주 큰스님께서 도리어 두 암자의 주인들에게 시험당했다는 사실을 어찌할 것인가? 만약, 두 암주에게 우열이 있다고 말한다면 아직 공부의 안목을 갖췄다고 하지 못할 것이고, 반대로 우열이 없다고 말한다 해도 또한 공부의 안목을 갖추지 못했다.

頌曰. 眼流星, 機掣電. 殺人刀, 活人劍.

　무문 스님이 다시 게송으로 말하였다.

"안목(眼)은 유성(流星)과 같고,

지혜작용(機)은 번개와 같으니

사람을 죽이는 칼도 되고

사람을 살리는 검도 된다."

다. 無一講論(무일강론)

두 암주는 똑같이 주먹을 세워 보였다. 그런데 첫째 암주는 조주 큰스님의 눈 밖에 났고, 둘째 암주는 조주 큰스님으로부터 인정을 받았다.

과연 그랬을까?

무슨 연유일까?

무엇 때문일까?

왜일까?

은산철벽(銀山鐵壁)이라 도무지 진척이 없다. 눈구멍도, 콧구멍도, 귓구멍도 없는 수수께끼이다. 막다른 궁지에 쳐 넣어 놓고 죽겠느냐 사느냐의 극한 상황에서 입을 떼보라는 식이다. 귀머거리가 되고 장님이 되어 궁구하지 않으면 접근조차 힘들다. 더 이상 마음 쓸 곳이 없어서, 초승달 그림자가 물소 뿔에 각인(刻印)되는 경지에 이르러야, 늙은 쥐가 소뿔 속에 덜컥 걸려들어 가듯 할 것이다. 순일무잡의 자리에서 더욱 밀치고 들어가야 조금 화두 맛을 보았다 하리라.

상황은 같은데 정반대의 판정을 받은 이 사건은 결코 만만치 않다. 이유나 근거도 없이 어째서 하나는 부정하고, 하나는 긍정하였을까? 그렇지 않다. 이유, 근거가 반드시 있다. 단지 감추어져 있을 뿐이다. 분명히 속셈이 있다는 말이다. 그러한 깊은 믿음이라야 분별 망상의 산을 넘는 불가사의한 의정(疑情) 덩어리가 생긴다. 대신근(大信根), 대분지(大憤志), 대의정(大疑情)의 에너지가 융합하고 용솟음쳐 곧 큰일을 낸다. 무의식(無意識)의 경계마저 허물고 체험 이전의 세상을 관통한다.

한편, 두 암주 사이에 우열(優劣)이 있다는 생각이나 주먹(拳頭)에 무엇이 있다는 생각은 다 분별의식이다. 또한 조주 큰스님이 학인(學人)의 공부를 시험(試驗)하려는 수작이 아닌가 하는 태도도 금물이다. 아무튼, 죽든가 살든가, 살인도(殺人刀)를 잡든가 활인검(活人劍)을 잡든가하는 기로에 서 있다. 여기에서는 조주 큰스님의 평가(評價) 마저도 아무 소용없어야 한다. 자칫 잘못하면 우리 자신도 조주 큰스님의 시험에 걸려들 것이므로 함부로 딴전을 피워서는 안 된다. 바짝 정신을 차릴 일이다.

무문관일기

무문관 제11칙(1) | 2018. 4. 23 월요일

진종일 비가 추적추적 내린다. 기온도 뚝 떨어지고 바람마저 부니 을씨년스럽다. 산길의 큰꽃으아리가 굵직하게 탐스럽고, 화엄동산의 갖은 색깔 철쭉이 비를 맞고 반들거린다.

며칠 전, 월광보살 점안식 때 애기를 못 낳아 탱화 덮었던 천을 받으려는 긴 행렬을 보고 속으로 놀랐다. 비가 오면 맑은 날을 그리워하고 맑은 날이 계속 될라치면 비를 기다린다. 자식이 있는 사람은 자식 때문에 고민하고 아이가 들어서지 않는 사람은 '자식 없음' 때문에 애달아 한다.

비는 사람의 정서 속에 묻혀 있으니 자식은 탱화 덮은 천에서 나온다.

무문관일기

무문관 제11칙(2) | 2018. 4. 24 화요일

　나를 두고 더러는 불교계의 입지전적(立志傳的) 인물이라고 말한다. 그런데, 근처에 사는 이웃사촌의 상당수 스님들은 나를 격하시키지 못해 안달이다. 2020년 2월 2일까지 비행기 타지 않고, 병원에 가지 않겠다는 나의 7년 정진 결심을 흠집 내려는 수준 낮은 인간들이 자주 말을 만들어 퍼뜨린다.

　"우학 스님이 양복 입고 일본 동경 거리를 술 취해 돌아다니더라."

　"우학 스님이 경대병원에 입원해 있는데 내가 면회하고 왔다. 틀림없다."

　조주 큰스님이 암주를 간파하듯, 나 또한 그들의 공부 정도를 저울질하고 있다. 정확한 가늠자를 속일 수 없다.

巖喚主人(암환주인)

서암 큰스님, 주인공을 부르다

가. 본칙(本則)

瑞巖彦和尙, 每日自喚主人公, 復自應諾. 乃云, 惺惺著, 喏. 他
時異日, 莫受人瞞, 喏喏.

　　서암사언(瑞巖師彦) 큰스님은 매일 자기 스스로를 '주인공' 하
고 부르고는 또 스스로 '예.' 하고 대답했다.

　　그리고 또 말하기를 '깨어 있거라.' 한 뒤, 다시 '예.' 하고 대
답했다. 또 '언제 어느 때든지 다른 사람에게 속아서는 안 되네.'
라고 한 뒤 '예, 예.' 하고 혼자 대답했다.

나. 평창(評唱) 및 송(頌)

無門曰. 瑞巖老子, 自買自賣, 弄出許多神頭鬼面. 何故. 𡭗. 一
箇喚底, 一箇應底. 一箇惺惺底, 一箇不受人瞞底. 認著依前還不
是. 若也傚他, 總是野狐見解.

　　서암 노스님은 자신이 사고 자신이 팔면서, 장난치듯 수많은 귀
신이나 도깨비 얼굴을 내보였다. 왜 그랬을까? 저것 좀 보게. 하

나는 부르고 하나는 대답한다. 하나는 '깨어 있거라.' 하고 다른 하나는 '다른 사람에게 속지 말라.'고 하네. 그러한 것을 인정하면 앞서처럼 또한 옳지 않다. 만일 서암 큰스님을 흉내라도 낸다면 그것이야말로 들여우의 견해가 될 것이다.

頌曰. 學道之人不識眞, 只爲從前認識神. 無量劫來生死本, 癡人喚作本來人.

무문 스님이 다시 게송으로 말하였다.
"도를 배우는 사람들이 진실을 알지 못하는 것은
다만 종전의 식신(識神)이 본래 자기인 줄 알기 때문.
무량겁 이래로 나고 죽는 근본이 되어온 것을
어리석은 사람은 본래의 자기라 부르고 있네."

다. 無一講論(무일강론)

본칙, 주인공(主人公) 화두의 서암 큰스님은 덕산(德山), 암두(巖頭)의 법맥을 잇고 있다. 스승 암두 선사로부터 '들숨 · 날숨과 대 · 소변 누는 곳에 본래 자연히 영원불멸의 진리가 나타나고 있는 것이다. 모두 각자 자기 발밑을 잘 살피고 회광반조(廻光返照)하여라.'라는 가르침을 잘 계승하고 있다.

서암 큰스님은 모자라는 사람처럼 반석 위에 앉아서 스스로 '주인공' 하고 부르고, 또 스스로 '예.' 하고 대답하였다고 하니 이는 위에서 말한 스승, 암두 선사의 기백(氣魄)과 맥을 같이한다.

주인공(主人公)이란 무위(無爲)의 진인(眞人), 무상(無相)의 자기본래면목(自己本來面目)으로서 자각의 주체인 불성(佛性)을 스스로 지칭하여 말할 때 쓰여진다. '주인공'이 지혜와 인격을 형성하는 주체라고 하지만 아트만(atman) 같이 불변(不變)하는 실체는 결코 아니다.

아무튼, 여기 서암 큰스님의 자문자답(自問自答)적인 수행은 번뇌 망념의 분별심적 작용을 근원적으로 봉쇄하는 장치가 된다. 그럼에도 불구하고 주인공이니 불성(佛性)이니 하는 지엽적인 개념파악에만 치중한다면 공부의 진척은 전혀 없게 된다. 생사윤회의 근본인 분별심, 식신(識神)을 쉬라고 주인공을 들먹거렸더니 오히려 그 글자에 매달려 헤매는 사람들이 없지 않아서 하는 말이다. 공부인(工夫人)은 진실한 참구(參究)로써 무아(無我) 무심(無心)의 경지가 되어야 만법(萬法)의 소유자며, 만물(萬物)의 초월자라고 할 수 있다.

주인공! 저 임제(臨濟) 선사는 수처작주입처개진(隨處作主立處皆眞)을 말씀하셨다. 중국 선종(禪宗)에서는 불성, 여래장(如來藏), 진여(眞如) 등과 같은 불교경전의 언어를 사용하는 대신 주인(主), 주인공, 본래인(本來人), 무사인(無事人) 등 싱그럽고 풋풋한 현실 언어를 적절하게 잘 활용하고 있다.

주인공이란 도대체 무엇일까?

마음과 주인공은 둘인가, 하나인가?

절대 경계할 것은 주인공을 찾는 공부가 형식적이거나 모방적이어서는 안 된다. 그것을 무문 스님은 당부하고 있다. 무문 스님의 평창과 송을 자칫 오해하면 서암 큰스님의 공부를 저울질하는 것처럼 보이나, 사실은 후학들의 공부를 염려한 노파심의 발로임을 간과해서는 안 된다.

주인공을 찾던 서암 큰스님은 이미 열반에 들었는데 지금 '주인공아!' 하고 부르면 누가 대답할 것인가?

무문관일기

무문관 제12칙(1) | 2018. 4. 25 수요일

　은사 스님이 통도사 산중 총회에서 만장일치로 방장에 추대되시고 찾아뵈었더니 '방장 추대식'을 하지 않으시겠다고 하셨다. 절집 안에서조차 세속에서 하는 짓을 따라 하면 안 된다는 말씀을 하시면서, 억지로 행사를 한다면 나가버려야겠다는 언질도 주셨다. 참으로, 은사 스님은 탈속하신 분이고, 후학들에게 '승려는 어떻게 살아야 되는지'에 대해 본을 보이신다. 과연, 방장에 오르실 만하다.

　오늘 신문을 보니 통도사 주지, 영배 스님이 '방장 추대식'에 소용될 5천만 원을 소아암 어린이 돕기에 기증하였다. 옳은 주인이 방장에 오르시니, 이하 모든 대중들이 다들 자기 격에 맞는 주인 역할을 제대로 하는 모습을 보인다.

무문관일기

무문관 제12칙(2) | 2018. 4. 26 목요일

　세상의 주인공들이 펼치는 봄의 향연이 참으로 싱그럽다. 무문관 뜰, 마당에는 민들레 노랑꽃, 블루베리 하얀 꽃들이 자기 색깔을 뿜어대며 개똥쑥, 백합, 더덕 등의 새싹들이 하늘 향해 꼿꼿이 기상을 과시한다. 얼마 전 모종 심은 상추, 파프리카, 방울토마토도 완전히 착근해서 자리를 잡았다. 감포도량의 대중들은 서로 의논하여 초파일 특등을 달고, 전법 교화에도 여념이 없다. 주인이기를 자처하는 보은회 회원들과 숭숭 튀어 오른 죽순 사이를 힐링하며 거니는 중에 너와지붕에 뿌리를 박은 두릅나무가 눈에 든다. 신기하다. 세상에 주인 아닌 존재가 없다.

德山托鉢(덕산탁발)

덕산 큰스님의 탁발

德山, 一日托鉢下堂. 見雪峰問, 者老漢, 鐘未鳴鼓未響, 托鉢向甚處去, 山便回方丈. 峰擧似巖頭. 頭云, 大小德山, 未會末後句. 山聞, 令侍者喚巖頭來, 問曰, 汝不肯老僧那. 巖頭密啓其意. 山乃休去. 明日陞座, 果與尋常不同. 巖頭至僧堂前, 拊掌大笑云, 且喜得老漢會末後句. 他後天下人, 不奈伊何.

　덕산 큰스님은 어느 날 발우를 받쳐 들고 식당으로 가고 있었다. 그런데 설봉(雪峰) 스님이 "노스님, 종도 아직 안 울렸고, 아직 북도 치지 않았는데 발우를 가지고 어디로 가시는 겁니까?" 하고 물으니 그대로 거처하는 방장실(方丈室)로 휙 돌아가 버렸다.

　설봉 스님은 이 일을 암두(巖頭) 스님에게 전하였다. 암두 스님은 말했다.

　"덕산 노스님같이 대단한 분이 아직 '말후(末後)의 구(句)'를 알지 못하시는군!"

　덕산 큰스님은 이 이야기를 듣고, 시자에게 암두를 불러오게 해서 물었다.

　"너는 이 노승(老僧)을 수긍하지 않는다는 것이냐!"

암두 스님은 무엇인가 비밀스럽게 덕산 큰스님에게 말씀드렸다. 그러자 큰스님은 더 이상 아무 말씀도 하지 않았다. 그 다음날 법좌에 오른 덕산 큰스님은 과연 보통 때와는 달랐다. 암두 스님은 승당(僧堂) 앞에 와서 손뼉을 치고 크게 웃으며 말했다.

"야아, 기뻐해야 할 일이다. 노스님께서도 '말후(末後)의 구(句)'를 터득하셨다. 이제 앞으로는 천하의 어떤 사람도 저분을 어쩌지 못하리라."

나. 평창(評唱) 및 송(頌)

無門曰. 若是末後句, 巖頭德山俱未夢見在. 撿點將來, 好似一棚傀儡.

만일 이것이 '말후(末後)의 구(句)'라면, 암두 스님과 덕산 큰스님 모두 꿈에도 보지 못한 것이다.

잘 살펴보면, 마치 한바탕 꼭두각시 인형 그대로이다.

頌曰. 識得最初句, 便會末後句. 末後與最初, 不是者一句.

무문 스님이 다시 게송으로 말하였다.

"최초(最初)의 구(句)를 알면

바로 말후(末後)의 구(句)도 안다.

말후의 구와 최초의 구는

이 '일구(一句)'가 아니다."

다. 無一講論(무일강론)

여기 덕산탁발 공안의 핵심은 암두 스님이 말하는 말후구이다. 아울러 암두 스님이 덕산 큰스님의 귓전에다 대고 무엇을 수군거렸다는데 그것이 말후구와 무슨 관계가 있느냐는 것이다. 말후(末後)의 구(句) 즉, 최후의 한마디가 도대체 뭘까?

말도 안 되는 소리들 같지만 이런 화두를 잡고 스스로와 철저히 싸우다 보면 생각이 절대 미칠 수 없는 무분별지(無分別智)의 세계에 침잠하게 된다.

옛사람들의 말처럼 문으로 들어온 것은 집안의 참된 보배가 될 수 없다(從門入者 不是家珍). 물이 차가운지 따뜻한지는 스스로가 알 수밖에 없다(冷暖自知). 그러기 위해서는 본인 자신이 이 이야기의 주인공이 되어야 한다.

말후일구는 모든 지혜를 응집한 전생명(全生命)이며 불법(佛法)의 대의를 체득한 자내증(自內證)의 일목요연한 표출이다. 즉, 자기 향상(向上)의 외침이며 근원적인 본래심의 경지에서 토해지는 법음(法音)이다. 그렇다면 과연 덕산 큰스님은, 본문에서 보여지는 것처럼, 암두 스님의 견해대로 말후일구를 몰랐다고 하는 말이 타당성이 있는가? 아마도 덕산방(德山棒)으로 서슬이 퍼런 대선지식이 이런 수모를 당할 만큼 나약하지는 않았을 것이다.

분명 무슨 속셈이 있었다. 이 사건은 덕산 큰스님의 입적 3년 전에 이루어졌는데 당시 설봉 스님은 공양을 책임지고 있는 반두(飯頭)였다. 사실 덕산 큰스님이 설봉 스님 앞에 발우를 들고 나타난 것 자체가 말후구의 법문(法門)이다. 설봉 스님이 스승의 가르침을 놓친 것이다. 그래서 덕산 큰스님은 암두까지 끌어들여 꼭두각시놀이까지 해 보였다. 이쯤 돼야 말후의 구를 몰랐다는 암두 스님의 의사가 무엇인지 눈치챌 수 있다.

덕산탁발! 무연중생(無緣衆生)은 천불(千佛)이 출세해도 제도할 수 없다 하였지만 스승의 자비방편은 끝 간 데 없다.

무문관일기

무문관 제13칙(1) | 2018. 4. 26 목요일

어느 방송사에서 총무원장 스님의 의혹을 밝힌다는 예고편을 내보냈다. 미국에서 공부하는 학인 스님으로부터도 전화가 와서 걱정을 한다. SNS의 발달로 전 세계 사람들이 관심을 끄는 일이 되었다. 나로서는 이 일이 '원장 스님의 중생제도'의 방편이길 바랄 뿐이다.

마침, 해인사 강원의 금강 상좌가 도반들과 찾아 왔길래 한마디 하였다.

"이곳은 사바세계이다. 종단도 유기체와 같아서 끊임없이 실수를 반복하면서 나아갈 수밖에 없다. 불교교단은 부처님 당시부터 불협화음이 많았다. 스님 개인이 완벽할 수 없고, 교단 또한 그러하다. 이런 일로 신심이 흔들리지 않기를 바란다."

덕산 스님이 때도 아닌데 발우를 들고 나왔다가 평지풍파를 일으켰으니, 이번 '총무원장 스님의 의혹' 사건도 우리 공부의 밑천으로 삼을 일이다.

무문관일기

무문관 제13칙(2) | 2018. 4. 27 금요일

판문점에서 남, 북의 두 정상이 엄청난 사건을 저지르고 있다. 참으로 잘하는 일이다. 근 10년간, 국민들이 전쟁의 불안에서 살다가 오늘 드디어 편안한 마음으로 평화의 세상을 들여다본다. 문재인 대통령의 외교술을 칭찬하는 댓글이 꽉 찼다. 남북 관계가 분명히 좋아질 것이다. 누가 말한다.

"스님, 우리절 평양도량을 준비해야겠습니다."

내가 답하였다.

"그런 소리 말아라. 평양의 스님들이 들으면 큰일 나겠다. 우리 도량이 세워지는 곳마다 시기질투가 얼마나 많았는지 자네도 알고 있지 않는가?"

"스님, 구더기 무서워서 장 못 담급니까?"

"그런 소리 말게. 우리절 포교 된장은 구더기 한 마리 없어도 맛만 좋단다."

南泉斬貓(남전참묘)

남전 큰스님, 고양이를 베다

南泉和尚, 因東西兩堂爭貓兒. 泉乃提起云, 大衆道得卽救, 道不得卽斬却也. 衆無對. 泉遂斬之. 晚趙州外歸. 泉擧似州. 州乃脫履, 安頭上而出. 泉云, 子若在, 卽救得貓兒.

남전 큰스님이 동당, 서당의 스님들이 고양이 한 마리 때문에 다투는 것을 보았다.

큰스님이 이에 고양이를 잡아들고 말했다.

"대중들이여! 한마디 일러 볼 수 있다면 이 고양이를 살려줄 것이고, 한마디 이를 수 없다면 당장 목을 베어버리겠다."

대중들은 아무도 답하지 못했다. 남전 큰스님은 즉시 고양이를 베어 버렸다.

저녁때가 되어 조주 스님이 밖에서 돌아왔다. 남전 큰스님은 조주 스님에게 이 이야기를 하였다.

그러자 조주 스님은 신발을 벗어 머리에 이고 나가버렸다. 남전 큰스님이 말했다.

"만약 자네가 있었다면 그 고양이를 살릴 수 있었을 텐데……."

無門曰. 且道, 趙州頂草鞋, 意作麽生. 若向者裏下得一轉語, 便
見南泉令不虛行. 其或未然, 險.

자아, 일러보아라. 조주 스님이 짚신짝을 머리에 올려놓은 뜻은
무엇인가?

만약 여기에서 제대로 한마디 이를 수 있다면 남전 큰스님의 명
령이 쓸데없는 짓이 아님을 알 수 있을 것이다.

아직 그렇지 못하다면 위험하도다.

頌曰. 趙州若在, 倒行此令. 奪却刀子, 南泉乞命.

무문 스님이 다시 게송으로 말하였다.
"조주 스님이 만약 그 자리에 있었다면,
명령을 거꾸로 받들었겠지.
그 칼을 빼앗아버렸다면
남전 큰스님도 목숨을 구걸했을걸."

다. 無一講論(무일강론)

　고양이가 도대체 누구의 고양이인가 하고 판단하는 것은 다분히 주관적이다. 고양이 자신이 스스로 누구의 것이라고 하지 않았기 때문이다. 즉, 판단의식(判斷意識) 자체가 문제이다. 판단의식은 분별(分別), 계교(計較)이다. 그런데, 주관적 판단으로는 사물의 실상(實相)과 만날 수 없다. 즉 동당, 서당의 스님들은 공부하고는 십만 팔천 리 떨어진 헛짓거리를 하고 있었던 것이다.

　남전 큰스님이 고양이 목을 벤 것은 스님들이 전도몽상에 허덕이고 생사망념(生死妄念)에 사로잡혀 있었기 때문이다. 그래서 남전 큰스님의 칼은 살인도(殺人刀)가 아니라 활인검(活人劍)인 것이다.

　생사대사 일대사(生死大事 一大事)를 해결하기 위하여 신명(身命)을 내걸고 수행해야 하는 스님들이 자신들의 본분사(本分事)를 망각하고 한낱 고양이에 끄달려 밖을 향해 내달리는 모습은 가히 꼴불견이다. 스승은 차마 그것을 용납할 수 없었던 것이다. 그래서 제자의 공부를 위해서는 살생(殺生)의 중죄(重罪)마저 자행하는 큰스님의 기행(奇行)이야말로 스스로 축생도에 떨어져 불도(佛道)를 행하는 이류중행(異類中行)의 모습 그대로이다.

한편, 조주 스님이 짚신을 머리에 이고 문밖으로 나간 것은 본말전도의 극치이다. 발에 신어야 할 신을 머리에 이는 것은 시비(是非)의 표본으로써 조주 스님 자신은 그런 쓸데없는 것에 개입할 이유가 없다는 의사표시이다.

한마디로 방하착(放下着)을 주문하고 있다. 삶과 죽음, 옳고 그름, 고통과 즐거움, 나와 남이라는 상대적 분별과 집착을 버리지 않는 한, 공부의 성취는 요원하다. 그리고 공부의 끝은 그러한 분별의 세계를 넘어서 있는 무분별지(無分別智)라야 한다.

다툼과 시비가 사라진 진정한 평화는 천지미분전(天地未分前), 부모미생전(父母未生前)의 소식에서 얻어진다.

요약하면, 고양이 한 마리 때문에 스님들이 패거리 지어 싸우고 또 그들의 스승은 논쟁의 씨앗을 없앤다는 핑계로 그 고양이 목을 친 것은 소가 다 웃을 일이다. 조주가 짚신을 머리에 이고 문밖으로 나간 것은 당연하다.

무문관일기

무문관 제14칙(1) | 2018. 4. 28 토요일

봄 수계를 하는 날이다. 천 명이 넘는 대중이 동참하였다. 작년, 실무진에게 "앞으로 봄 수계는 삼귀의 5계를, 가을 수계는 보살계를 하겠노라." 하였다. 그렇게 준비하였겠거니 하고 막상 법회장에 나타나서 확인해 보니 전혀 딴 판이었다. 그렇다고 해서, 수계 살림의 계사가, 계를 주는 사람이 고함을 친다면 말이 되겠는가. 계는 항목이 복잡하게 많은 듯하지만, 삼독심(三毒心)을 없애는 게 기본이다. 그러니 수계 법사가 화부터 낸다면 눈 밝은 신도는 계도 받기 전에 신발을 머리에 이고 퇴장해 버릴 것이다. 위치와 신분이 공부 한번 잘 시켜준다.

무문관일기

내가 "특등을 다세요." 하고 권선하였더니, 정훈이 어머니는 "이 돈은 스님 용채로 가지고 왔는데…." 하고 말을 흐린다. 그러자 정훈이 아버지가 말한다.

"그 돈이 그 돈 아니냐. 스님 말씀대로 특등을 달아라."

맞는 말씀이다. 절 돈, 내 돈을 따진다면 하근기(下根機)이다. 상대와의 다툼, 마음의 갈등은 네 것, 내 것을 나누는 분별심(分別心)에서 비롯된다.

제 15 칙

洞山三頓(동산삼돈)

동산 스님,
세 차례 몽둥이 맞다

雲門因洞山參次, 門問曰, 近離甚處. 山云, 查渡. 門曰, 夏在甚
處. 山云, 湖南報慈. 門曰, 幾時離彼. 山云, 八月二十五. 門曰,
放汝三頓棒. 山至明日却上問訊, 昨日蒙和尙放三頓棒, 不知過
在甚麼處. 門曰, 飯袋子, 江西湖南, 便恁麼去. 山於此大悟.

운문(雲門) 큰스님께서 동산(洞山) 스님이 참선하러 왔을 때 물
었다.

"최근 어디에 있다가 왔느냐?"

동산 스님이 대답했다.

"사도(查渡)에 있다가 왔습니다."

운문 큰스님이 또 물었다.

"하안거(夏安居)는 어디에서 났느냐?"

동산 스님이 대답했다.

"호남의 보자사(報慈寺)에서 났습니다."

운문 큰스님이 다시 또 물었다.

"언제 거기에서 떠났느냐?"

동산 스님이 대답했다.

"8월 25일입니다."

운문 큰스님이 말했다.

"네게 몽둥이로 세 차례 때려야겠지만 용서하리라."

다음 날 동산 스님이 다시 운문 큰스님께 가서 여쭈었다.

"어제 큰스님께서 몽둥이로 세 차례 때릴 것을 용서한다고 하셨는데, 도대체 저 자신 어디에 허물이 있었는지 모르겠습니다."

운문 큰스님이 말씀하셨다.

"이 밥통아, 강서와 호남을 그런 식으로 왔다 갔다 했느냐?"

동산 스님이 이 말에 크게 깨쳤다.

나. 평창(評唱) 및 송(頌)

無門曰. 雲門當時, 便與本分草料, 使洞山別有生機一路, 家門不致寂寥. 一夜在是非海裏著倒, 直待天明再來, 又與他注破. 洞山直下悟去, 未是性燥. 且問諸人, 洞山三頓棒合喫不合喫. 若道合喫, 草木叢林皆合喫棒. 若道不合喫, 雲門又成誑語. 向者裏明得, 方與洞山出一口氣.

운문 큰스님이 그때 곧바로 꼭 알맞은 먹이를 주어서 동산 스님

으로 하여금 생기 넘치는 살길을 마련해 주었다.

그래서 가문의 쇠퇴함을 면했다. 밤새도록 시비의 바닷속에 빠뜨렸다가 다음 날 하늘이 밝아지는 것을 기다려 다시 그에게 가르쳐 주었다. 동산 스님이 그 자리에서 깨달았다고 하더라도 아직 완전하지는 못하다.

그렇다면 여러 사람들에게 묻겠다. 동산 스님이 세 차례 몽둥이를 맞아야 했을까, 맞지 않아도 되었을까?

만약 맞을 만하다고 한다면 초목총림(草木叢林)의 모든 이들이 맞아야 할 것이고 만약 맞지 않아도 된다면 운문 큰스님이 또 허튼소리를 한 셈이 되리라. 이 말뜻을 분명히 알게 된다면 바야흐로 동산 스님에게 울분을 풀도록 해줄 수 있을 것이다.

頌曰. 獅子敎兒迷子訣, 擬前跳躑早翻身. 無端再敍當頭著, 前箭猶輕後箭深.

무문 스님이 다시 게송으로 말하였다.

"사자가 새끼를 가르칠 때 어리석은 새끼를 인도하는 비결이 있으니, 앞에다 내던져 버리려 하면 어느새 몸을 뒤집어 날려 되돌아온다. 뜻밖에도 운문의 두 번째 설명이 동산에

게 정통으로 명중했으니, 처음의 화살은 오히려 가벼우나
두 번째 화살은 깊게 꽂혔구나!"

다. 無一講論(무일강론)

'최근, 어디 있었나?'

'마음공부는 어디서 했나?'

'언제 그곳을 떠났나?'

자기 정체성을 확인시키려는 스승의 자상한 배려이다. '자기 자신'에 대한 물음인 금강왕보검(金剛王寶劍)으로 생사(生死)의 길, 범성(凡聖)의 길을 끊어야 한다. 그래서 사량분별, 시비득실이 없어진 채 벌거벗은 그대로 서 있어야 한다.

업식(業識)에 이끌려 악취에 떨어지지 않으려면 끊임없는 자기 탐구만이 살길이다. 선(禪)은 도리(道理)를 이해하는 수준이 아니라 직접 체험하는 것이다. 오온(五蘊)의 전부를 내던져 법신화(法身化)하려는 몸부림이 선(禪)이다.

운문 큰스님의 세 가지 물음은 겉으로는 분별의 차원 같으나 그 속뜻은 무분별한 반야, 공의 자리를 요구하고 있다. 그러므로 분별로써 답할 일이 아니다.

세 차례 몽둥이 세례를 받을 만한 이유가 있다. 차별계(差別界)니 평등체(平等體)니 하는 한계를 넘어서서 종횡무진하지 못하면 집착이라는 허물 때문에 오히려 대선지식을 원망하게 된다. 스승은 그를 이 '밥통아(飯袋子)' 하고 야단치고 있는 것이다.

무문관일기

무문관 제15칙(1) | 2018. 4. 30 월요일

시골에서 같이 자란 친구이다. '무문관' 영화 핑계로 여럿이 모였다. 일본에서 오고 서울, 부산에서도 왔다. 과거와 현재의 경계선이 무너지고 부담 없이 한 시, 공간에서 만났다. 이해관계 없이 나누는 이야기가 참 홀가분하다. 시비, 득실은 저 흘러가는 구름에 걸쳐 두고 우리는 산처럼, 옛 모습 그대로 처연히 앉아 깨벗은 그대로 봄 일광욕을 즐겼다. 세상의 온갖 잡다한 것들이 일주문 밖에서 서성대는 동안 신식 초당방의 높은 음성은 추억을 물고 허공에 가득 찼다. 우리는 온 바도 없이, 간 바도 없다. 본래의 자리에서 오늘 하루는 여여(如如)하다. 몽둥이가 필요 없는 날이다.

무문관일기

무문관 제15칙(2) | 2018. 5. 2 수요일

　추측하기로, 어젯밤의 방송으로 백만 명 불자들이 떨어져 나갔다. 몽둥이를 사용해야 하는데, 몽둥이 갈 곳이 없다. 서로가 다 잘났다. 각자의 고집대로 가고 있다. 하기야, 몽둥이로 맞아도 별 감각이 없을 것이다. 운문 스님이 몽둥이를 휘두른들, 부처님이 출세(出世)하여 장군 죽비로 내리친들 무슨 소용 있겠는가. 차라리, 몽둥이를 빼앗아 던져 버리고 장군 죽비를 분지르는 일이 더 속 편하겠다.

제 16 칙
鐘聲七條(종성칠조)

❦

종소리에 7조 가사를 수하다

가. 본칙(本則)

雲門曰, 世界恁麼廣闊, 因甚向鐘聲裏披七條.

운문(雲門) 큰스님이 말씀하셨다.

"세상이 이렇게 광활(廣闊)한데, 무엇 때문에 종소리 난다고 칠조 가사를 수하는고?"

나. 평창(評唱) 및 송(頌)

無門曰. 大凡參禪學道, 切忌隨聲逐色. 縱使聞聲悟道, 見色明心, 也是尋常, 殊不知衲僧家騎聲蓋色, 頭頭上明, 著著上妙. 然雖如是. 且道, 聲來耳畔, 耳往聲邊. 直饒響寂雙忘, 到此如何話會. 若將耳聽應難會, 眼處聞聲方始親.

대체로 선(禪)을 참구하여 도(道)를 배우는 사람은 소리를 따르고 모양을 쫓아가는 것을 절대 꺼린다. 비록 소리를 듣고 도를 깨닫거나, 모양을 보고 마음을 밝혔다 하더라도 그것 또한 대수로운 일이 아니다.

선가(禪家)의 사람들은 소리를 올라타고, 모양을 덮어서 모든 것을 밝게 보고 한 수 한 수 묘한 경지를 연다는 것을 사람들은 알지 못한다.

그것은 그렇다 치고, 일러보라. 소리가 귀 쪽으로 오는 것인가? 귀가 소리 쪽으로 가는 것인가?

가령, 소리와 고요함─ 이 둘을 다 잊어버리는 경지가 되었다 하여도, 여기에 이르러 그 경지를 어떻게 설명해서 이해시킬 수 있을까? 만약 귀로써 들으면 아마도 이해하기 어렵겠지만, 눈으로 소리를 들으면 그때 비로소 깨닫게 될 것이다.

頌曰. 會則事同一家, 不會萬別千差. 不會事同一家, 會則萬別千差.

무문 스님이 다시 게송으로 말하였다.
"깨달으면 모두가 한집안을 이루지만
깨닫지 못하면 모든 것이 다 천차만별
깨닫지 못해도 모두가 한집안을 이루지만
깨닫고 보아도 모든 것이 다 천차만별."

다. 無一講論(무일강론)

　제13칙에서, 덕산 큰스님은 종도 울리지 않았는데 발우 들고 공양간으로 갔다가 말후구(末後句)를 모른다는 말을 들었는데, 여기 제16칙에서는 정반대의 상황이 전개되고 있다. 즉, 종소리가 울렸기 때문에 가사를 수하고 법당으로 가려는 것인데 오히려 이것이 문제가 되었다.

　무문 스님은 한 수 더 떠서 소리가 귀로 오느냐, 귀가 소리로 오느냐하고 묻고 있다.

　세상은 그대로 툭 터진 진리의 세계이다. 귀에 들리는 것은 다 부처님의 음성이요(一切聲是佛聲), 눈에 보이는 것은 다 부처님의 상호이다(一切色是佛色).

　깨달음이란 이러한 도리를 곧바로 아는 맛이 아니겠는가. 예를 들자면 향엄(香嚴) 스님은 무심코 던진 돌멩이가 대나무에 부딪치는 소리를 듣고 깨달았고, 서산(西山) 스님은 여행길에서 닭 울음소리를 듣고 깨달았다. 즉, 문성오도(聞聲悟道)한 것이다.

　한편, 영운(靈雲) 스님은 어느 봄날 복사꽃 핀 것을 보고 깨달았고 세존(世尊)께서는 새벽에 뜬 별을 보고 대각(大覺)을 이루셨다. 즉, 견색명심(見色明心)한 것이다. 불신(佛身)은 법계(法界)에 가득 찼으니 온 세월, 온 공간이 환하게 툭 터져 있다. 즉 광활(廣闊)하다.

그에 상응하는 진리적 삶은 소리를 올라타고(騎聲) 모양을 덮어야 한다(蓋色). 이는 주체성, 주체적 자각을 갖고 살아감을 의미한다. 그럼에도 불구하고 도인(道人)이 종소리에 움직임은 무슨 소식인가? 종소리를 듣자 가사를 수하고 법당으로 향하는 것이 오히려 불작(佛作)이요, 불행(佛行)이다. 이는 소리 경계에 속박된 행위가 아니라 깨달음의 생활 속에서 저절로 행위 되어지는, 즉 무심(無心)의 경지에서 발동하는 대자유(大自由)의 흔적이다.

극히 자연스럽고 당연하여 더 할 말이 없다. 도인의 삶은 사사무애(事事無碍)의 경지를 보인다. 선(禪)은 그런 점에서 원융하기 그지없는 일상생활이다. 부단한 정진 끝에는 수성(隨聲)과 기성(騎聲)의 경계가 무너진다. 분별 자체가 무의미하다. 차별계와 평등체는 한바탕이기 때문이다.

무문관일기

무문관 제16칙(1) | 2018. 5. 3 목요일

내 고향, 동네 어르신들이 초파일 연등 다신다고 오셨다. 때 아닌 범종을 치시도록 하였는데 다들 좋아하신다. 부모님과 말씀 나누듯 어르신들과 편한 마음으로 차담을 하였는데, 나는 속으로 깜짝 놀랐다. 세상 돌아가는 소식들을 너무도 정확히 알고 계셨다. 그리고 소신들이 분명하셨다. 유튜브를 통해서까지 정치 이야기를 접한다 하니 그냥 노인네들이 아니다. 스스로의 건강도 얼마나 잘 지키시는지 경로당에서는 술, 담배 거의 하지 않고, 주로 윷놀이로 오락을 하신단다.

어린 시절 보았던, 그 곱던 얼굴들이 이제는 세월의 무게에 짓눌린 바가 없지는 않으나, 아직도 어르신들은 다정다감하고 순수하셨다. 모습 자체가 깊은 법문이시다. 초청 법사로 가끔씩 모셔야겠다.

무문관일기

무문관 제16칙(2) | 2018. 5. 4 금요일

서울도량의 강정남 법사는 불교대학 4학년에 재학 중이며 유마거사회 회장 및 동문회 감사를 겸하고 있다. 올 춘추가 88세라고 한다.

얼마 전에, 강 법사가 서울도량의 주지 스님을 통해서 나의 동상을 만들어 보겠다는 의사를 타진해 왔다. 물론, 이 나이에 동상이라니 천부당만부당한 말씀이다. 그래서 일주문을 세우는데 협조해주시면 고맙겠다는 말씀을 전했는데, 강 법사께서 흔쾌히 내 뜻을 받아들였다. 마주 앉아 차 한 잔 한 바가 없지만, 나와 우리 절에 대해서 순수한 신심을 내어주시니 참으로 감사할 따름이다.

외형의 불사는 부처를 짓는 기초 작업이다. 거사처럼, 무심(無心)에 근거한 대자유(大自由)의 보살행이 곧, 종소리를 듣고 7조 가사를 수하는 일이리라.

제 17 칙

國師三喚(국사삼환)

국사가 세 번 부르다

가. 본칙(本則)

國師三喚侍者, 侍者三應. 國師云, 將謂吾辜負汝, 元來却是汝辜負吾.

혜충(慧忠) 국사가 세 번 시자(侍者)를 불렀다. 시자는 세 번 대답했다. 국사가 말했다.

"내가 너를 저버리고 있다고 생각하였더니, 도리어 네가 나를 저버리고 있었구나."

나. 평창(評唱) 및 송(頌)

無門曰. 國師三喚, 舌頭墮地. 侍者三應, 和光吐出. 國師年老心孤, 按牛頭喫草. 侍者未肯承當. 美食不中飽人飡. 且道, 那裏是他辜負處. 國淸才子貴, 家富小兒嬌.

국사가 세 번이나 시자를 부르니 혀가 땅에 떨어졌다. 시자는 세 번을 대답하니 마음 빛(和光)이 그대로 드러났다. 국사가 늙어서 마음이 외로워져 소의 머리를 억지로 눌러서 풀을 먹이려 하였다. 그러나 시자는 그것을 받을 기분이 아니어서, 모처럼의 진수성찬도 배가 부른 사람이 먹기에는 맞지 않다.

말해보라. 그 시자가 국사를 저버린 곳은 어디인가?

나라가 맑게 다스려지면 재간이 있는 사람이 귀하게 대접을 받고, 집안이 부유하면 어린아이의 버릇이 나빠진다.

頌曰. 鐵枷無孔要人擔, 累及兒孫不等閑. 欲得撑門幷拄戶, 更須赤脚上刀山.

무문 스님이 다시 게송으로 말하였다.

"구멍 없는 무쇠 큰칼을 사람 목에 채우려하니,
허물이 자손에까지 미쳐 바빠지게 되었구나.
선종(禪宗)의 문호(門戶)를 지키려고 생각한다면
다시 맨발로 칼산을 오르지 않으면 안 된다네."

다. 無一講論(무일강론)

국사(國師)는 육조혜능(六祖慧能) 대사의 제자인 남양혜충(南陽慧忠) 선사이고 시자(侍者)는 탐원응진(耽源應眞) 스님이다. 스승과 제자 사이, 세 번 부르고 세 번 답한 사실에 엄청난 비밀이 숨겨져 있다.

스승은 고부(辜負) 즉, '저버렸다'는 말로 제자를 힐책하는 듯하지만 예사롭게 생각할 일이 아니다. 구멍 없는 무쇠 큰칼이 목에 채워질 판에 무슨 분별과 알음알이가 용납되겠는가.

스승이, 혓바닥이 땅에 떨어질 정도의 자비심을 보인 보람이 있었던지 제자 또한 화광(和光) 즉, 마음 빛을 그대로 드러냈다. 텅 비고 텅 비었기 때문이다. 마음의 영주(靈珠)에 비추어진 대역량인(大力量人)들의 교감, 줄탁동시(啐啄同時)의 절묘한 조화가 돋보인다.

일부러 진흙탕 속으로 들어가는 스승의 은혜가 크고 깊으니, 제자의 법기(法器)가 운 좋게도 잘 받쳐주고 있다.

억지로 소의 머리를 눌러 풀을 먹으려 하지만, 상대는 그러한 배려를 받아야 할 정도의 철부지가 아니다.

배부른 사람에게 진수성찬이 무슨 의미가 있겠는가!

그렇다면 무문 스님의 닦달처럼 어디가 그 시자가 국사를 저버린 곳인가? 집안이 너무 부유하여 어린아이의 버릇이 나빠진 것이다. 그것은 그렇게 보여질 수밖에 없다.

소에게 억지로 풀을 먹여 키우려 하지만 정작, 그 소는 먹지 않으려 한다. 시자는 더 이상 스승의 자비를 받아들일 이유가 없다. 밖으로 무엇을 구하지 않아도 될 만큼 자기살림이 이미 튼튼하다는 뜻이다. 득도(得道)한다는 말이 있지만 사실은 얻는다는 집착이 있는 이상, 도는 십만 팔천 리 멀어질 수밖에 없다.

법을 전하는 일은 선종(禪宗)의 문호(門戶)를 지키는 불사(佛事)이다. 그러려면 맨발(赤脚)로 칼산을 오르지 않으면 안 된다. 석가모니 부처님을 비롯, 모든 대선지식(大善知識)들이 그러하셨다. 덕분에, 거울 속의 사람이 자신을 알아보고 빙그레 웃으니 겸연쩍게 같이 웃는 날이 있게 되는 것이다.

날마다 동거(同居)한 보람이 있어서 오늘 지금 하나로 나타난다. 그래서 스승의 은혜는 머리카락을 잘라 신을 삼아 드려도 모자란다. 그 보은(報恩)을 생각하면 후학(後學)으로서 면목이 없다.

무문관일기

무문관 제17칙(1) | 2018. 5. 6 일요일

　옛날, 백제 지역에서 나온 관세음보살님이 계신다. 관세음보살님은 혼자 겨우 들 만큼의 석제이다. 고물상으로부터 모셔온 이후, 줄곧 무문관 선방의 포행장에 계셨는데, 일전에 문밖의 대나무 숲으로 옮겼다. 돌이끼가 잔뜩 끼어 친견하기만 해도 심연 깊은 곳에서 참으로 알 수 없는 그 무엇이 솟구친다.

　그런데, 오늘 아침에 보니 관세음보살 법체에 새똥이 묻어 있었다. 아뿔싸, 위를 쳐다 보니 새가 둥지를 틀고 앉았다. 나는 얼른 관세음보살상을 끌어안고, 끙끙대며 수 m 옆으로 자리를 옮겼다. 어쩌면, 관세음보살님은 불구부정(不垢不淨)이라, 똥을 뒤집어 쓰는 것에 개의치 않을 수도 있겠지만, 내가 스스로 관세음보살을 저버리는 못난 시자는 되고 싶지 않다.

무문관일기

본래로 세상에는 가짜 뉴스가 판 친다. 다음 얘기도 가짜 뉴스일 수 있다.

"황우석 명예 훼손 혐의로 제자인 강원대학교 류영준 교수 기소. 차병원 줄기세포 연구 승인 관여……"

댓글에는 제자를 나무라는 글이 주류를 이룬다. 눈에 띄는 글이다.

"근본 없는 사람을 제자로 거두는 게 아니다…"

스승은 그 자리에 있으되, 제자가 스승을 저버리고 있다. 그래서 후환의 과보를 받고 있는 중이다.

절집 안도 이런 일 많다. 극히 일부지만, 나의 상좌들도 그렇다.

洞山三斤(동산삼근)

동산 큰스님의 마삼근

洞山和尙, 因僧問, 如何是佛. 山云, 麻三斤.

동산 큰스님께 한 수행자가 여쭈었다.
"어떤 것이 부처입니까?"
동산 큰스님이 대답하셨다.
"마삼근(麻三斤)이니라."

나. 평창(評唱) 및 송(頌)

無門曰.　洞山老人參得些蚌蛤禪,　纔開兩片,　露出肝腸.　然雖如
是,　且道,　向甚處見洞山.

동산 노스님은 대합조개와 같은 선 즉, 방합선(蚌蛤禪)을 체득
한 것처럼, 조개의 두 껍데기를 조금 열었는가 했는데 간장(肝腸)
까지 모두 다 드러내 보였다.
비록 그렇다고 하지만 말해보라.
어디에서 동산의 본래면목을 친견할 수 있는가?

頌曰. 突出麻三斤, 言親意更親. 來說是非者, 便是是非人.

무문 스님이 다시 게송으로 말하였다.
"갑자기 불쑥 마삼근이라고 말하니
말도 친(親)하지만 뜻은 더욱 친하다.
쫓아와서 시비하는 사람 있다면
바로 그 사람이 시비에 떨어진 사람이다."

다. 無一講論(무일강론)

억지로 의정을 내려고 안간힘 쓰면서 화두공부를 한다면 그것은 옳지 못하다. 저절로 의정이 돈발되어져야 한다. 그렇지 않으면 그건 화두로써의 생명력이 없다. 화두가 생기게 된 상황을 구체적으로 살펴보는 것이 그래서 중요하다.

여기 18칙도 그렇다. 동산수초(洞山守初) 큰스님이 저울로 삼을 달고 있는데, 한 스님이 찾아와 지극히 예(禮)를 올리고 대뜸 '부처가 무엇인가'를 묻는다. 마침, 저울대의 눈금은 세 근(斤)을 가리키고 있었다. 큰스님은 주저함 없이 "삼이 서 근이니라."하고 대답하신다. 여기서 의정이 일어나야 한다.

"마삼근이 어찌하여 부처일고?"

"마삼근이 어찌하여?"

"마삼근?"

"?"

마삼근이라는 일상의 언어를 빌려 분별 너머 있는 적멸의 세계로 들어가야 한다. 분명한 사실은 동산 큰스님의 마삼근 빛깔과 일반사람들의 그것과는 아주 다르다.

동산 큰스님의 마삼근은 간장까지 모두 다 드러내 보여주는 진리의 전체 살림살이이다. 법성공(法性空)에서 저절로 튀어나오는 말씀이기 때문에 범부 중생의 언어와는 차원이 다르다. 차라리, 큰스님께서 '부처는 대웅전에 있지 않느냐? 삼십이상을 갖춘 분이지 않느냐.' 하고 말씀하셨다면 그토록 수많은 납자들이 잠 못 자는 고민은 없었을 것이다.

삼 서 근이 부처라니 이 일을 어떻게 하면 좋을고!

이와 비슷한 유형의 화두 몇 개를 더 들자면 다음과 같다.

'어떤 것이 부처입니까?'라는 물음에 안횡비직(眼橫鼻直)이라고 대답한 이도 있고, 병정동자래구화(丙丁童子來求火)라고 대답한 이도 있고, 심지어는 농적적(膿滴滴)이라고 대답한 이도 있다.

잘 살펴보면 이보다 더 자상할 수는 없다. 핵심은 여기에 있다. 무작정 별 의미 없이 툭툭 던져지는 말씀처럼 보이나 거기에는 분명한 까닭이 있다. 선지식은 절대 무책임하지 않다. 도리(道理)에 어긋나지도 않는다. 화두를 참구하는 사람들은 우선 스승에 대한, 그리고 화두에 대한 철저한 믿음 즉, 대신근(大信根)을 전제로 정진해야 한다.

‘마삼근!’ 이 한마디 속에 만고불변의 진리가 들어있다. 시쾌사(是快事), 통쾌한 답변이다. 초논리적(超論理的)이지만 질서가 있다. 물론 이것은 스스로의 체인(體認)이 요구된다. 그렇지 않으면 미륵불이 하생(下生)하더라도 소용없다.

‘마삼근’이라고 말씀하시는 동산 큰스님의 마음은 부처의 마음이다. 마삼근은 동산이라는 부처와 하나가 되었다. 차별과 분별심을 떠났기 때문에 시비(是非)를 따질 게재가 전혀 없다. 마삼근이 부처일 수밖에 없다.

무문관일기

무문관 제18칙(1) | 2018. 5. 10 목요일

옛 친구인 한의사, 김광호 박사가 두 가지 의미심장한 말을 건넸다.

"지어준 한약을 음식 섭취하듯 평생 먹을 생각을 해야 한다."

아주 솔직하고 좋은 제안이다. 기력이 떨어져서, 면역력을 키우는 약은 영양제 같은 개념이다. 평생 화두를 들고 외부의 6적(六賊)에 대항하듯, 면역력에 관한 한 죽을 때까지 신경 써야 한다.

둘째는 내랑 만나기가 불편하단다. 자기는 나를 옛 친구로만 대하고 싶은데 현실은 그렇지 않단다. 왜 그리 문턱이 높으냐는 것이다. 만나기도 힘들지만, 막상 한자리에 있어도 주위에서 다들 '큰스님, 큰스님' 하니 자기가 설 자리가 없다 한다.

친구니까 옛날 그 모습으로 만나는 것이 맞다. '마삼근!' 하고 화두들 때처럼 어떤 분별심도 없어야 그 관계가 청정하다.

무문관일기

무문관 제18칙(2) | 2018. 5. 11 금요일

모바일 뉴스를 보니, 104세 호주의 생태학 박사 데이비드 구달이라는 사람이 안락사가 법적으로 허용된 스위스까지 가서 생을 마감하였다고 한다. 80세가 넘어가면서, 멍청히 앉아 있는 것이 힘들었다고 하는 것을 보면, 지성인의 자각이 다른 것은 분명하다. 아무튼 그는 자기가 좋아하는 베토벤 교향곡 9번 중 환희의 송가를 들으며 영면에 들었다.

그 기사의 댓글에는 연민의 글이 많았는데, 특별히 이 글이 좋았다.

"태어나지 않는 게 제일 좋은데……."

윤회의 순환을 끊는 것이 중요하다. 그러려면 화두를 들고 생각의 일어남부터 다스려야 한다.

平常是道(평상시도)

평상심이 도이다

南泉, 因趙州問, 如何是道. 泉云, 平常心是道. 州云, 還可趣向
否. 泉云, 擬向卽乖. 州云, 不擬爭知是道. 泉云, 道不屬知, 不
屬不知. 知是妄覺, 不知是無記. 若眞達不擬之道, 猶如太虛廓然
洞豁. 豈可强是非也. 州於言下頓悟.

남전(南泉) 큰스님께 조주 스님이 "도(道)가 무엇입니까?" 하고
여쭈니 남전 큰스님이 대답하셨다.

"평상심(平常心)이 곧 도(道)이다."

조주 스님이 남전 큰스님께 다시 여쭈었다.

"그렇다면 그것을 향해 닦아 나갈 수 있습니까?"

남전 큰스님이 대답하였다.

"그것을 향해 헤아리려고 하면 어긋난다."

조주 스님이 또 여쭈었다.

"헤아리지 않으면 어찌 도를 알 수 있겠습니까?"

남전 큰스님이 대답하셨다.

"도는 아는데 속하지 않고, 모르는데 속하지도 않는다. 안다고
하는 것은 거짓으로 깨닫는 것이요, 모른다는 것은 무기(無記)이

다. 만약 참으로 헤아리지 않는 도를 통달하면, 마치 허공과 같아서 확연하게 탁 트이고 넓어진다. 어찌 억지로 옳으니 그르니 할 수 있겠는가?"

조주 스님은 이 말에 문득 깨달았다.

나. 평창(評唱) 및 송(頌)

無門曰. 南泉被趙州發問, 直得瓦解氷消, 分疎不下. 趙州縱饒悟去, 更參三十年始得.

남전 큰스님이 조주 스님의 질문을 받고서는 곧바로 기왓장이 깨지고 얼음이 풀리듯 해서 다시 설명할 필요가 없었다. 설령 조주 스님이 깨달았다고 해도 다시금 30년은 더 닦아야 비로소 알게 될 것이다.

頌曰. 春有百花秋有月, 夏有涼風冬有雪. 若無閑事挂心頭, 便是人間好時節.

무문 스님이 다시 게송으로 말하였다.

"봄에는 온갖 꽃 피고, 가을에는 밝은 달
여름에는 시원한 바람, 겨울에는 하얀 눈
만약 쓸데없는 일에 마음 두지 않는다면
바로 그때가 인간세계의 좋은 시절."

다. 無一講論(무일강론)

평상심(平常心)!

평상심이란 말은 남전보원 큰스님의 스승인 마조도일 선사가
가장 먼저 사용하였다.

"도란 닦을 필요가 없다. 단지, 더러움에 물들지 않으면 된다.
곧바로 도를 이루고자 하는가? 평상심이 도이니라.

평상의 마음이란 어떤 것인가? 조작(造作)하지 않고 시비(是非)
하지 않으며, 취사(取捨)하지 않고 단견(斷見)과 상견(常見)을 버
리며, 평범하다느니 성스럽다느니 하는 생각이 없는 마음이다."

평상심이란 우리가 본래 구족하고 있는 자성청정심(自性淸淨
心)이다. 범부의 중생심 그대로가 아니라 즉심즉불(卽心卽佛)의
마음이며 무심(無心) 자체이다.

염두에 두어야 할 것은 평상심시도라 함은 도(道)의 본질을 일

컬음이지 도의 실행은 아니다. 도는 움직여야 한다.

즉, 참으로 도행(道行)이 되도록 깨닫고 난 뒤에도 무문 스님의 말대로 익혀가야 한다. 그리하여 그 어떤 경우에도 흔들리지 않고 무심(無心)하게, 그리고 평상심으로 살 수 있다면 삶 자체가 호시절(好時節)이 될 수밖에 없다.

어떤 납자가 장사경잠(長沙景岑) 선사를 찾아와 "평상심이 도라 했는데, 어떻게 마음 쓰는 것이 평상심입니까?" 하고 물었다. 선사는 답하기를 "배고프면 먹고 졸리면 잔다. 이것 외에 따로 도가 있는 것이 아니다."라고 하였다.

납자는 더 구체적인 답변을 원했다. 선사는 또 말했다.

"더울 때는 부채질하고 추울 때는 화로를 가까이 하라."

사람들은 하나같이 도(道) 속에 살면서 도를 모르고 지낼 뿐이다. 봄에는 꽃, 가을에는 달, 여름에는 시원한 바람, 겨울에는 눈이 있지 않는가.

신통묘용(神通妙用)이 따로 있는 것이 아니다. 일체 헤아리지 않고 물 긷고 땔나무 하는 일거수 일투족임을 알아야 한다.

어느 누가 조주 스님에게 도를 물었다.

"무엇이 도입니까?"

"담장 밖에 있느니라."

"그런 도 말고 대도(大道)를 묻고 있습니다."
"대도는 장안으로 가는 길이지."
헤아리려고 하면 어긋난다!

무문관일기

무문관 제19칙(1) | 2018. 5. 12 토요일

　돌보지 않은 동안에 잡풀이 많이 자랐다. 쑥대가 무릎에 닿는다. 나는 포행하다 말고 쪼그리고 앉아 풀을 맨다. 비가 온 뒤라 쑥 뿌리가 쑥쑥 잘도 뽑힌다. 걷어 올린 두 팔에 온통 흙 파편이 튀어 오르고 손톱 밑은 새까맣다. 어디서 씨가 날아왔는지 '계요등'이 울타리 타느라 더덕 넝쿨을 해친다. 줄기를 손으로 감아 당기려니 손바닥이 다 화끈댄다. 쥐가 들락거린 구멍에 빗물이 흥건하여 흙으로 채운 뒤 꼭꼭 밟는다. 신발에 매달린 흙 무게가 걸음을 힘들게 한다. 반 시간, 놀기 삼아 힘을 썼더니 포행마당이 아주 훤해졌다.

　세면장에 들자 어디서, 어떻게 왔는지 달팽이 한 마리가 긴 몸 끌고 바닥을 긴다. 비 온다고 소문이 다 난 모양이다. 평상심이 널널하다.

무문관일기

무문관 제19칙(2) | 2018. 5. 13 일요일

원래 그 자리에 있었던 듯, 부처님들이 자리를 잡았다. 죽림 관세음보살, 불이불(不二佛), 포야원(抱野苑) 부처님, 미륵불, 색채 힐링불이 세계명상센터의 가치를 높인다. 연화천(蓮花川)의 세심지(洗心池)에 모셔질 수중불(水中佛)만 모시면 끝이다. 부처님은 아니지만, 12지신상이 새로 배치되어 사격(寺格)을 높인다. 그리고 종각 옆에는 넝쿨집이 들어와서 가람 구조를 탄탄하게 하였다.

이제 하나 남은 것은 새 주차장과 불이(不二)동산을 연결하는 안양교(安養橋)의 건립이다. 진작부터 진행되고 있는 일주문은 열흘 정도면 완성될 것 같다. 그리고 이불병좌 선방도 마무리 작업 중이다. 모든 일이 순조롭다.

게으르지 않지만, 무리하지도 않는다. 평상의 일로 받아들이고 평상심을 쓸 뿐이다.

제 20 칙

大力量人(대력량인)

큰 힘을 갖춘 사람

가. 본칙(本則)

松源和尙云, 大力量人, 因甚擡脚不起. 又云, 開口不在舌頭上.

송원 큰스님이 말씀하셨다.

"어찌하여 큰 힘을 갖춘 사람이 다리를 쳐들고 일어나지 못하는고?"

또 말씀하셨다.

"말을 한다는 것이 혓바닥 위에 있지 않다."

나. 평창(評唱) 및 송(頌)

無門曰, 松源可謂, 傾腸倒腹. 只是欠人承當. 縱饒直下承當, 正好來無門處喫痛棒. 何故. 驀. 要識眞金火裏看.

송원 스님은 배를 갈라 내장까지 모두 끄집어냈다고 할 만한데, 다만 그것을 알아듣고 받아내는 자는 한 사람도 없구나. 설령 곧바로 받아냈다 하더라도, 이 무문(無門)의 처소에 오면 방망이로 호되게 얻어맞을 것이다.

왜 그럴까?

그것!

순금을 가려내려고 하면 불 속에서 시험해 보아야만 한다.

頌曰. 擡脚踏飜香水海, 低頭俯視四禪天. 一箇渾身無處著, 請續一向.

무문 스님이 다시 게송으로 말하였다.

"다리를 쳐들어 향수해(香水海)를 뒤집어엎고

머리를 숙여 사선천(四禪天)을 내려다본다.

이 한 몸뚱이 집착하는 곳이 없으니

어떤가, 결구(結句)를 이어 붙여 봄이."

다. 無一講論(무일강론)

송원 큰스님의 삼전어(三轉語)가 있다. 제 일전어, 제 이전어는 위의 본칙에 소개되어 있고 제 삼전어는 다음과 같다.

"명안납승인심마각하홍사선부단(明眼衲僧因甚麼脚下紅絲線不

斷), 선지식이 왜 발에 매인 붉은 실을 끊지 못하는고?"

큰스님께서 입적하실 때쯤 이 세 가지 문제, 즉, 삼전어(三轉語)를 내놓고 대중에게 물었으나 분명한 대답을 하는 사람이 없었다고 한다. 그러자 큰스님은 크게 탄식하였다고 한다. 그러면 우선 무문관 본칙을 살펴보자.

큰 힘을 갖춘 사람은 도대체 누구일까? 생명 가진 모든 존재이다. 왜 큰 힘을 갖추었다고 말할 수밖에 없는가? 불성(佛性)이 있기 때문이다.

일체중생개유불성(一切衆生皆有佛性). 애시당초 모든 사람, 존재는 큰 힘을 갖추고 있다. 그런데 그러한 큰 역량을 가진 사람이 다리를 쳐들고 일어서지 못하는 까닭은 어디에 있는가? 즉, 불성은 있는데 부처가 되지 못하는 이유를 묻고 있다.

불성(佛性)이란 부처될 가능성이 있다는 것이지 지금이 곧 부처라는 소리는 아니다. 부처될 씨앗을 가지고 있기는 하지만 아직은 잘 가꾸어야 한다는 말이다. 부처될 유전인자가 중생 각자에게 내재하고 있다가 시절인연이 도래하면 언젠가는 부처가 된다.

그때가 다리를 쳐들고 일어서는 날이다. 그러한 날을 스스로 만들지 못하고 남에게 의지해서 겨우 살아가서는 안 될 일이다. 불성가진 존재로서 그것은 부끄럽기 짝이 없다. 그렇다면 어떻게 해야 이러한 말들이 공염불에 지나지 않고 실속 있는 언어가 될까?

정말 실속 있는 언어는 무엇일까. 그것은 당연히 혓바닥 놀림은 아닐 것이다. 그것은 실참실수(實參實修)이다. 온몸과 온 마음을 다 던져서 수행하는 일이 중요하다. 그래서 설령 혀를 빌려 온갖 소리를 하더라도 그것이 헛되지 않으려면 혓바닥에 그쳐서는 안 된다는 말이 너무나 당연하다. 그와 같이, 다리를 쳐들고 일어서는 것도 다리에 있지 않음을 알 수 있다.

덧붙여 제 3의 전어(轉語)를 궁구해 보자.

'눈 밝은 도인(道人)이 다리에 매인 붉은 실을 왜 끊지 못하는고?'

철사도 아닌 실을 끊지 못한다니 애들도 아니면서 도인이 그 뭐 하는 짓인가. 그리고 또 하나 의문스러운 것은 왜 하필이면 붉은 실일까? 이런 쓰잘 데 없는 것에 마음 두지 말아야 한다. 언구(言句)에 걸리면 무문(無門) 스님의 몽둥이가 춤출 것이다.

무문관일기

무문관 제20칙(1) | 2018. 5. 15 화요일

오늘 초하루법문의 주제는 향(香)에 대한 내용이었다. 일곱 가지 향을 말하면서 여섯 번째 '보살의 향'에서 이런 얘기를 하였다.

"돈이 아무리 많아도 보살심이 없으면 보시하지 못한다."

"아무리 건강하여도 보살심이 없으면 육체적으로 봉사하지 못한다."

"말주변이 아무리 좋아도 보살심이 없으면 포교하지 못한다."

어제 큰절 제215기 한 보살님이 밤새도록 약밥을 만들었다며 선방에 대중공양하였다. 개인적으로 약밥을 그다지 좋아하지 않지만, 그 정성을 고맙게 생각하면서 약밥 한 조각을 꼭꼭 씹어 잘 먹었다.

그리고, 큰절의 한 신도단체 회장이 일주문 시주금과 아울러 감기 예방에 좋다며 코를 씻어내는 기구를 보시하였다. 참으로 감사하다.

무문관일기

무문관 제20칙(2) | 2018. 5. 17 목요일

다리를 쳐들고 일어나 땀을 좀 뺐다. 그저께 초하루법문, 어제 무량수경 강의로 기진맥진한 상태지만 오늘 할 일은 또 해야 한다. 지금 조성 중인 불이(不二)동산과 용화(龍華)동산에 나무를 심는 불사(佛事)이다.

여기저기 새로 부처님을 모시면서, 이제 땅 평탄 작업을 하다 보니 식목(植木) 시기가 많이 늦어졌다. 오랜만에 웃옷을 벗고 러닝셔츠 바람으로 삽질을 좀 하였더니 팔이 새빨갛게 다 탔다. 얼굴도 그을렸다. 저녁시간에는 새로 지은 넝쿨집 주위를 정리하였다. 새로 흙과 퇴비를 갖다 넣고 사다 놓은 모종을 심었다. 작업은 아홉 시가 넘어서 끝났다. 사찰의 모든 대중들이 고생 많았다. 묘목과 모종을 시주해 준 지혜성, 수련화 보살님도 종일 수고하였다.

세계명상센터가 모습을 드러내고 있다. 마침 내일 비가 온단다. 잘 되어가는 절집 안이다.

제 21 칙

雲門屎橛(운문시궐)

운문의 똥 막대기

가. 본칙(本則)

雲門因僧問, 如何是佛. 門云, 乾屎橛.

운문 큰스님에게 어느 스님이 물었다.
"무엇이 부처입니까?"
큰스님은 말했다.
"마른 똥 막대기야!"

나. 평창(評唱) 및 송(頌)

無門曰. 雲門可謂, 家貧難辨素食. 事忙不及草書, 動便將屎橛
來, 撑門拄戶. 佛法興衰可見.

운문 큰스님은 집이 가난하여 소박한 식사를 차리기도 어려웠
고, 일이 바빠 글을 흘려 쓸 틈도 없었던가보다. 그러다 보니 똥
막대기나 가지고 나와 선문(禪門)을 지탱하려고 든다.
불법(佛法)의 흥함과 쇠함을 이로써 가히 알겠구나.

頌曰. 閃電光, 擊石火. 眨得眼, 已蹉過.

운문 스님이 다시 게송으로 말씀하셨다.
"번쩍이는 번개 빛이요
돌이 부딪쳐서 일어나는 불이니
눈을 껌벅거리면
이미 그르치고 마네."

다. 無一講論(무일강론)

운문 큰스님은 청빈(淸貧)의 생활을 하였다. 청빈은 본래로 일체의 번뇌 망념을 텅 비우고 무일물(無一物)의 경지, 일체개공(一切皆空)의 경지에 노님을 표현한다. 그렇다고 하여 법을 묻는 객승에게 똥 막대기를 대접한 것은 다들 심했다고 한다.
"부처가 어찌 똥 막대기인가?"
이야기의 줄거리는 이렇다.

운문 큰스님이 보릿골에 똥거름을 주기 위하여 똥통 지게를 지고 보리밭에 막 도착하였다. 보리밭에는 전날 표시 삼아 꽂아둔, 똥 젓는 막대기 하나가 꽂혀 있었다. 막대기에는 말 그대로 똥이 덕찌덕찌 겹겹이 묻어 있었다. 이제 막 똥지게를 내려넣고, 지고 온 똥통을 들여다보면서 가라앉은 똥물을 저을 요량으로 보릿골에 꽂혀있는 마른 똥 막대기를 막 쥐려는 순간에 저 밭고랑 초입에서 한 스님이 나타나더니,

"스님, 무엇이 부처입니까?" 하고 고함지르며 다급하게 묻는다.

큰스님은 조금도 지체하지 않고 마른 똥 막대기를 뽑아 들고는 "간시궐이니라." 하고 소리 질렀다.

찾아온 납자는 그 자리에서 얼어붙듯 하였다.

'간시궐' 화두는 이렇게 해서 탄생되었다. 그런데, 운문 큰스님은 간시궐을 수시로 사용하였다.

"그대들은 여기서 무슨 간시궐을 구하려고 하는가?"

"악업의 중생이 모두 여기서 무슨 간시궐을 찾아서 씹으려고 하는가?" 하는 내용들이 『운문광록』에 소개되고 있다. 간시궐은 운문 큰스님의 전용어이다.

아무튼, '무엇이 부처인가?'의 물음에 간시궐이라 한 것은 큰

사건이었다. 운문 큰스님의 법문은 그렇지 않아도 '일자관(一字關)'으로 유명하다.

"어떤 것이 정법의 안목입니까?"라는 물음에 "진(晉)!"이라고 대답한 적이 있었고,

"어떤 것이 취모검(吹毛劍) 입니까?"라는 물음에 "조(祖)!"라고 대답한 적이 있다.

"또한 부처와 조사를 죽이면 어디서 참회해야 합니까?"라는 물음에 "로(露)."라고 대답한 적이 있다.

그런데 이 운문 큰스님의 설법 일구(一句)에는 함개건곤(函蓋乾坤) 재단중류(裁斷衆流) 수파축랑(水波逐浪)의 3구(三句)가 갖추어져 있다. 한마디로 요약하자면, 어느 한 말씀도 무심(無心)의 경지에서 설해지지 않는 말씀이 없다는 뜻이다. 무심이라야 지혜의 안목이 열려 진실을 바로 볼 수 있다. 마음눈이 열리면, 보여지는 모든 것은 부처님의 형상이요, 일거수 일투족이 부처님의 자비행이다.

"간시궐!"

눈을 깜박거리는 틈이라도, 주변 사람의 분별심이 개재된다. 그 순간 본래심(本來心)과 어긋난다. 운문 큰스님이 평생 마른 똥 막대기를 가지고 놀 만한 이유가 있다.

무문관일기

소식이 뜸하던 몇몇 상좌가 다녀갔다. 돌이켜보면, 마른 똥막대기 같은 일로 소원해진 경우가 많은데, 다시 찾아와서 은사에게 삼배하면 그만이다. 더 이상 오래 감정을 가지고 있을 이유가 없다.

나의 은사 스님의 인연처인 통도사 서운암 접견실에는 다음과 같은 글이 걸려져 있다. 물론 은사 스님이 직접 쓰신 것이다.

相見元無事(상견원무사)

不來却恩君(불래각은군)

서로 보면 원래 아무 일 없었던 일

찾아오지 않음은 은사를 물리치는 일

은사 스님께서도 꼴통 상좌들로 인해 속상한 일이 한두 번이 아니었다. 그래서 그 은사의 제자인 나 역시 위의 글귀를 마음 가운데 늘 새기며 상좌들을 용서하려고 애쓴다.

무문관일기

무문관 제21칙(2) | 2018. 5. 25 금요일

　북한이 스스로 한 약속을 지키느라 풍계리 핵 실험장을 폐기하였다. 미국과의 화해를 위해 억류 중이던 인질들을 석방하였다. 미국은 북한을 리비아식으로 대접하겠다고 공언하였다.

　한참 전에는, 트럼프가 전쟁이 나도 미국이 아니라 한국 땅이라고 망발한 적이 있다. 우리나라의 문 대통령은 '6월 13일 북미회담'을 중재하느라 1박 4일간의 강행군으로 미국을 방문하였다. 그런데, 핵 실험장을 폐기하자, 트럼프는 곧바로 북에 회담을 돌연 거부하였다. 이것이 팩트이다. 여기에 수많은 댓글이 달렸다.

　"북한은 패전국이 아닌 협상국이다."

　"미국은 사기꾼이요, 양아치다."

　"8천만 우리 한민족에게 모욕감을 주고 있다."

　"김정은 보다 훨씬 못난 놈이다."

　"전 세계의 조약의 70%를 미국이 파기하였다."

　"미국의 쓰레기들이 무기 시장을 겨냥하고 있다."

“남, 북한이 동시에 무시당하였다.”

“한반도의 평화와 통일을 진정으로 바라는 나라는 없다.”

“세계 유일의 분단국가로서 힘없이 당하자니 자괴감을 느낀다.”

마른 똥 막대기 같은 트럼프도 부처 노릇을 하느라 하루 종일 지껄인다.

迦葉刹竿(가섭찰간)

가섭 존자의 찰간

迦葉因阿難問云, 世尊傳金襴袈裟外, 別傳何物. 葉喚云, 阿難.
難應諾. 葉云, 倒却門前刹竿著.

아난 존자가 가섭 존자에게 물었다.

"세존께서 금란가사를 전하신 이외에 따로 무엇을 전하여 주셨습니까?"

가섭은 대답 대신 "아난아!" 하고 불렀다.

아난은 "예." 하고 대답했다.

가섭이 말했다.

"문 앞의 찰간(刹竿)을 넘어뜨려라."

나. 평창(評唱) 및 송(頌)

無門曰. 若向者裏下得一轉語親切, 便見靈山一會儼然未散. 其
或未然, 毘婆尸佛早留心, 直至而今不得妙.

만약 여기에서 꼭 들어맞는 한마디의 말을 할 수 있다면, 영산회상의 법회가 산회하지 않고 아직 계속되고 있다는 것을 금방 알 것이다. 만일 그렇지 않다면, 과거 비바시불이 일찍부터 마음을 기울여 수행하여 왔음에도 불구하고 현재에 이르러서도 깨달음의 묘경을 얻지 못했다고 하는 것이 되리라.

頌曰. 問處何如答處親, 幾人於此眼生筋. 兄呼弟應揚家醜, 不屬陰陽別是春.

무문 스님이 다시 게송으로 말하였다.
"질문은 그 답이 친절한 것에 비하여 어떠한가,
몇 사람이나 여기에서 눈을 부릅뜰까!
형이 묻고 아우가 대답하여 집안의 추태를 보이니
이것은 음양(陰陽)과 관계없는 별도의 봄소식일세."

다. 無一講論(무일강론)

아난 존자는 25년간 부처님을 시봉하면서 다문제일(多聞第一)의 명성을 얻었다. 그렇지만 부처님의 정법안장(正法眼藏), 실상무상(實相無相)의 묘법(妙法)은 전해받지 못했다.

한편 두타제일(頭陀第一)의 가섭 존자는 세 곳의 사건 즉, 영산회상거염화(靈山會上擧拈花), 다자탑전분반좌(多子塔前分半座), 사라쌍수곽시쌍부(沙羅雙樹槨示雙趺)에서 법기(法器)를 인정받고 상수(上首) 제자가 되었다. 부처님 열반 후, 가섭 존자는 경율(經律)을 편찬하는 결집(結集) 회의에서 주석(主席)을 맡았고 여기서 아난 존자와 부딪치는 상황이 있게 된다.

가섭 존자는 깨치지 못한 아난 존자를 문밖으로 내보낼 수밖에 없었다.

위의 본칙(本則)에서 소개된 이야기는 둘의 관계 사이에서 극단적인 일이 벌어지기 직전의 상황으로 보인다. 섭섭한 마음을 가진 아난 존자의 요청에 의한 법거량이 이루어진 것이다.

"금란가사 외에 따로이 전해 받은 것이 있습니까?"

오기의 강한 발동이라고 밖에 볼 수 없다.

그때 가섭 존자는 "아난아." 하고 부른다. 아난이 "예." 하고 대답하자 다짜고짜 "문 앞의 찰간을 넘어뜨려라." 하고 질책한다. 아난 존자는 이 말의 뜻을 알아차리지 못하고 자기의 살림밑천이 부족함을 한탄하면서 문밖에서 7일간 용맹정진에 들어간다. 다행히 일대사(一大事)를 해결하고 결집장소의 칠엽굴 문을 두드리며 말한다.

아금초제루득진(我今初諸漏得盡) 즉, 이제 깨쳤으니 문을 열어 달라는 것이다. 가섭 존자는 크게 반색하며 시험한다.

"때가, 이미 깊은 밤중이라 문을 열 수 없으니, 깨친 도력(道力)으로 자물쇠 구멍을 통하여 들어오라."라고 하였다.

아난 존자는 그리하여 1차 결집에서 큰 역할을 하게 된다. 여기서 문제의 핵심은 왜 아난 존자가 이렇게 더디게 참여 하였는가 이다.

"아난아!" 하고 가섭 존자가 불렀을 때 "예." 하고 대답할 줄 아는 그놈을 잘 쓰지 못했기 때문이었다. 아난 존자는 체인(體認), 체득(體得)이 없었으므로 말귀를 알아듣지 못하였다. 찰간을 넘어 뜨리라고 한 이유가 여기에 있었다.

그런데 아집(我執) 법집(法執)을 파(破)했을 때 그에게 인가(印可)가 떨어졌다. 드디어 두 형제가 가문의 추태를 보여주었다고 할 만하다.

무문 스님의 억하탁상(抑下托上)의 역설이 돋보인다. 청정본원심의 자리는 음양이 부리는 차별세계가 아닌 절대 영원한 봄 계절이다.

무문관일기

무문관 제22칙(1) | 2018. 5. 26 토요일

판문점에서 남, 북의 두 정상이 다시 만났다. 살아남기 위하여, 자신들의 역할을 다하기 위한 노력에 찬사를 보내는 국민들이 대부분이다. 하지만, 무엇이 진정한 애국인지도 모르는 극 수구의 철부지들이 동족의 영역 안에 들지 못하고 자기 주장이 옳은 척 꼴통 소리를 해댄다.

"2차 남북회담은 미국으로부터 외교 참사에 이를 정도로 무시를 당한 문재인 대통령을 구해주기 위한 김정은의 배려이다."
"남북 '도둑회담' 곤란하다."
"주사파 정권이 김정은 편인지 대한민국과 동맹국 편인지 국민은 불안하다."

이 어려운 시기, 대통령을 조롱하는 기사에는 입에 담지 못할 반박 욕설의 댓글이 주류를 이루었다. 참으로 평화의 길이 만만치 않다. 찰간대를 넘어뜨리고 새판을 짜는 일에 국민들의 결집된 힘이 필요하다.

무문관일기

무문관 제22칙(2) | 2018. 5. 27 일요일

수 주일 전의 불미스런 조계종 방송으로 찰간대가 넘어갔다는 스님들의 한탄 소리가 크다. 초파일 불사도 다 망쳤다는 볼멘소리가 높다. 문제는 제2탄이 또 터진다는 소식이다. 단언하건대, 만일 찰간대가 넘어가더라도 그것은 정법의 찰간대는 아니다. 정법은 그 어떤 경우에도 튼튼하게 버티는 성질이 있다.

영화 무문관의 관람수가 2만 명에 이르렀고, 우리절의 모든 도량의 부처님 오신 날 등 수는 예년보다 훨씬 많다. 각 요일의 공부 인원은 전혀 변동이 없고, 기도하는 신도는 늘어났다. 하안거 재가선방의 보살님들은 50명을 넘는다. 제1차 유발상좌 수련대회에는 25인승 차량 두 대가 동원됐다. 감포도량 세계명상센터에는 매일 수십 명의 전국 불자들이 다녀간다. 해변힐링마을은 끝마무리 공사 중이고, 일주문 건축은 반듯하게 섰다. 불이(不二)동산, 아함동산, 미륵동산이 새로이 조성되었고, 넝쿨집도 멋있게 들어섰다.

대구큰절 입구에 새로이 정법의 당간지주를 세우니 밤, 낮으로 불교 깃발이 나부낀다.

不思善惡(불사선악)

선도 악도 생각마라

가. 본칙(本則)

六祖因明上座趁至大庾嶺, 祖見明至, 卽擲衣鉢於石上云, 此衣
表信, 可力爭耶, 任君將去. 明遂擧之, 如山不動, 踟躕悚慄. 明
曰, 我來求法, 非爲衣也. 願行者開示. 祖云, 不思善, 不思惡,
正與麼時, 那箇是明上座本來面目. 明當下大悟, 遍體汗流. 泣淚
作禮問曰, 上來密語密意外, 還更有意旨否. 祖曰, 我今爲汝說
者, 卽非密也. 汝若返照自己面目, 密却在汝邊. 明云, 某甲雖在
黃梅隨衆, 實未省自己面目. 今蒙指授入處, 如人飲水, 冷暖自
知. 今行者卽是某甲師也. 祖云, 汝若如是, 則吾與汝同師黃梅.
善自護持.

육조 대사가 행자로서 혜명 스님에게 쫓겨 대유령에 이르렀을
때의 일이다. 대사가 혜명이 뒤따라 온 것을 보고 가사와 발우를
바위 위에 올려놓고 말했다.

"이 가사는 법의 믿음을 표시하는 것이니 힘으로 다툴 일이 아
니다. 그대에게 맡기니 알아서 하라."

그래서 혜명이 그것을 들어 올리려 했으나 산처럼 움직이지 않
았다. 혜명은 주저앉아 무서움에 떨며 말하였다.

"저는 진리를 구하러 온 것이지 가사 때문이 아닙니다. 원컨대 가르침을 열어 보여주십시오."

이에 대사가 말하였다.

"선도 생각지 않고 악도 생각지 않는 바로 그때, 어떤 것이 그대의 본래면목(本來面目)인가?"

혜명은 이 말을 들은 즉시 크게 깨달았다. 그는 온몸이 땀에 흠뻑 젖은 채 눈물을 흘리며 예배하고 물었다.

"조금 전, 비밀의 말씀과 비밀의 뜻 외에 또 다른 어떤 가르침이 있습니까?"

대사가 말했다.

"내가 지금 그대에게 한 말은 비밀이 아니라네. 그대 스스로 자신의 본래면목을 돌이켜 비추어 본다면 비밀은 바로 그대 쪽에 있느니라."

혜명이 아뢰었다.

"제가 비록 황매산에서 대중과 함께 수행해왔습니다만, 실은 아직 자신의 본래면목을 깨닫지 못했습니다. 그런데 지금 깨달음에 드는 바른 가르침을 주시니, 마치 물을 마셔 차고 따뜻함을 스스로 아는 것과 같은 체험을 하였습니다. 이제부터 행자께서는 저의 스승이십니다."

그러자 대사가 다시 말했다.

"그대가 만약 그렇게 생각한다면 나는 그대와 함께 황매의 오조(五祖) 선사를 스승으로 모신 셈이 된다. 스스로 그 경지를 잘 지켜가도록 하거라."

나. 평창(評唱) 및 송(頌)

無門曰, 六祖可謂, 是事出急家, 老婆心切. 譬如新荔支, 剝了殼去了核, 送在爾口裏, 只要爾嚥一嚥.

육조 대사는 다음과 같이 평해도 좋으리라. 즉, 이 일은 급박한 궁지에 몰려서 한 일이었지만, 노파의 친절함과도 같은 마음이 진실로 절실하다. 이를테면, 신선한 여지(荔支) 과일의 껍질을 벗기고 씨도 발라내서 그대의 입 속에 넣어주는 격이니, 그대는 그저 그것을 한입에 삼키기만 하면 된다.

頌曰. 描不成兮畵不就, 贊不及兮休生受. 本來面目沒處藏, 世界壞時渠不朽.

무문 스님이 게송으로 다시 말하였다.

"본떠 묘사할 수도 없고, 그림으로 그릴 수도 없네.

찬탄도 미칠 수 없으니 괜한 마음 쓰지 마시게.

본래면목은 아무 데도 감출 곳 없으니,

세계가 무너져 내려도 그것은 썩는 것이 아니라네."

다. 無一講論(무일강론)

선(善), 악(惡)은 없다. 그러려면 무분별지(無分別智)라야 한다. 그 거룩한 자리에서 본래면목이 드러나 참 생명활동의 지혜 작용이 실력을 발휘한다.

차별심, 사량분별심을 떨쳐버리고 스스로의 불성을 자각하는 일은 근원적인 본래심으로 돌아가는 대작불사(大作佛事)이다. 그것은 곧 중도(中道)의 실천이다.

육조 대사는 단경(檀經)에서도 제자들에게 진여본성(眞如本性)을 확인시키기 위해 양변(兩邊)을 떠날 것을 말한 바 있다.

대법(對法)을 취해서 오고 감이 서로 인(因)이 되게 하다가, 마지막에는 두 법을 모두 없애 달리 갈 곳이 없게 해야 한다고 하였다. 즉 36가지의 대법이 있는데 이 상대법을 잘 쓰면 양변을 떠나

중도에 들게 된다는 것이다.

이는 바로 일체의 삼라만상이 비롯되는 무한한 절대적 근원에 이르게 하는 원리이다. 중도의 실천을 통해 본래면목, 진여본성, 본래심(本來心) 등의 체험적 언어를 진정 자신의 것으로 받아들일 수 있어야 한다.

무문관일기

무문관 제23칙(1) | 2018. 5. 31 목요일

그냥 이대로 좋다. 시장에 나가 수박, 참외, 호박 등 모종 사다가 감나무 밭에 심으니 불이(不二)동산이 가득 찼다. 장독대 길 거닐다가 뜰 보리수 따서 먹으니 저녁 한 끼 잘 때웠다.

새로 들어선 일주문에 뉘엿뉘엿 지는 연대산 큰 해가 있는 힘을 다해 쏟아 붓는 에너지를 폰 카메라에 담는다. 잘 볼 수 없는 광대나물꽃과 나비나물꽃이 선명하게 눈에 든다. 요사채 앞의 26년산 두 그루 보리수는 꽃망울 터뜨리며 온 산천의 벌들을 불러 모아 큰 잔치를 열고 있다. 나는 노승처럼 주장자를 짚고 길 위에 섰는데, 긴 더듬이 귀뚜라미 한 마리가 밀쳐 둔 내 책장을 넘긴다.

선도 악도 없는 공간이다.

그저 법열이 있을 뿐!

무문관일기

무문관 제23칙(2) | 2018. 6. 4 월요일

　요즘 들어, 무일선원 무문관을 찾는 불자(佛子)들이 부쩍 늘었다. 그래서 대중 스님들을 교육시켜 사찰 안내를 하도록 독려한다. 지금까지는 금강문의 2층 누각까지 올라가 선방 전체를 보도록 하였으나, 다소의 소란 때문에 선방 스님들의 공부에 지장이 있는 듯하여 개선책을 내놓았다. 즉, 33왕대나무숲에 친견대를 설치하고, 그곳에서 선방을 먼눈으로 참배토록 대책을 강구하였다.

　그러기 위해 작업 중에, 큰 구렁이 한 마리가 나타났다. 구렁이는 안 잡히려고 돌담 구멍에 들락날락하며 숨바꼭질한다. 나는 나대로, 죽이지 않고 생포하여 산꼭대기로 가져가 새 터전을 마련해 줄 요량으로 애를 쓴다.

　뱀은 뱀대로 최선을 다하고, 나는 나대로 최선을 다할 뿐이다. 선도, 악도 생각지 않고 순간 서로서로 집중하고 있다. 나중에 보니 상의가 땀에 다 젖었다.

제 24 칙

離却語言(이각어언)

말을 끊고서

가. 본칙(本則)

風穴和尙, 因僧問, 語默涉離微, 如何通不犯. 穴云, 長憶江南三
月裏, 鷓鴣啼處百花香.

풍혈(風穴) 큰스님에게 한 스님이 물었다.

"말하거나 침묵을 지키거나 이미(離微)에 걸리는데, 어떻게 하
면 두루 통해서 그것을 범하지 않겠습니까?"

풍혈 큰스님이 말했다.

"강남의 춘삼월을 오래도록 기억하고 있는 것은 자고새 우는
곳에 온갖 꽃이 향기롭기 때문이지."

나. 평창(評唱) 및 송(頌)

無門曰. 風穴機如掣電, 得路便行. 爭奈坐前人舌頭不斷. 若向者
裏見得親切, 自有出身之路. 且離却語言三昧, 道將一句來.

풍혈 큰스님의 근기는 번갯불 같아서 길을 알자 금세 간다. 그
런데 옛사람의 혀를 잘라버리지 않은 것이 유감이다. 만일 여기서

꼭 알맞게 그 소식을 보고 취할 수 있다면 저절로 모든 속박으로
부터 벗어나는 길이 있으리라.

자, 말장난 삼매는 걷어치우고 한마디 일러보라.

頌曰. 不露風骨句, 未語先分付. 進步口喃喃, 知君大罔措.

무문 스님이 다시 게송으로 말하였다.

"격조 높은 한마디를 드러내지 않고도,

아직 말하기도 전에 벌써 나누어 주었네.

더 나아가서 풍혈이 좔좔 설명했다면

그대들은 그야말로 어떻게 해볼 수가 없었겠지."

다. 無一講論(무일강론)

여기서 이(離)는 어구(語句)를 떠난 묘처(妙處)이고 미(微)는 묘
용(妙用)을 가리킨다.

묘처는 존재의 본체요, 묘용은 그 활용을 말한 것이다. 묘처는
공(空), 무(無), 평등(平等), 진여(眞如) 등으로 표현되고 묘용은 색
(色), 유(有), 차별(差別), 묘유(妙有) 등으로 표현된다. 다시 말해

서 이(離)란 일체의 분별을 벗어난 무분별한 그 자리로서 색(色)과
상(相)을 끊은 평등지(平等智)를 가리키는 말로서 진여(眞如)의 본
체(本體)이다.

미(微)란 무분별한 그 자리를 벗어난 현상의 구체적인 차별로
나타난 작용을 가리키는 말로, 진여(眞如)의 작용(作用)이다. 즉
이(離)는 묵(默)이요, 미(微)는 어(語)이다.

여기서 문제의 핵심은 말을 해도 불법(佛法)에 어긋나고 말을
안 해도 불법에 어긋나니 어떻게 해야 하느냐는 것이다. 말을 하
면 미(微)에 떨어지고 입을 다물고 있자니 이(離)에 떨어지게 되어
진여(眞如)의 한쪽 밖에 통하지 못하니 낭패가 아닐 수 없다. 이
이(離)와 미(微)의 양변을 범하지 않고 두루 통하려면 어떻게 해야
하느냐의 질문에 풍혈 큰스님은 두보(杜甫)의 시를 빌려와 응수한
다. '강남의 춘삼월', '자고새 울음', '온갖 꽃과 그 향기'.

유언무언(有言無言)에 떨어지지 않는 절대의 경지는 그대 본인
스스로 그곳에 나아가서 관찰하고 체득해 보라는 일침이다. 복잡
하고 이론적인 질문 따위는 접어두고 대자연에 펼쳐진 제법(諸法)
의 실상(實相)을 직접 느껴 볼 것을 주문하고 있다. 즉 대자연의
참된 모습을 자각할 때 언어 문자에 집착하지 않고 침묵에도 떨어
지지 않는다.

　본래 청정한 진리의 본체(本體)는 이(離)와 미(微)가 하나인데, 그 본체에 대하여 이러쿵 저러쿵 말하면 미(微)에 떨어지고 침묵하면 이(離)에 떨어진다.

　평등의 세계만을 나타내도 그르치고 차별의 세계만을 나타내도 그르치니, 진퇴양난의 딜레마에서 자기 자신을 구제할 방법은 중도(中道)의 실천을 통하여 근원적인 본래의 불성(佛性) 자리로 되돌아가버리는 일이다.

　본래면목(本來面目)의 주인공은 오롯이 여여(如如)해서 대상경계와는 한 묶음, 한자리에서 숨쉰다. 그래서 도인(道人)의 눈에는 삼라만상이 그대로 진리의 모습으로 비추어진다. 이(離), 미(微)를 따질 이유도, 필요도 없다.

　청산을 보면 산은 푸르고 강물을 보면 물은 흘러갈 뿐이다. 여기에 무슨 이설이 있겠는가.

무문관일기

무문관 제24칙(1) | 2018. 6. 5 화요일

이른 아침부터 서성대며 기다렸다. 새 식구가 들어오는 날이다. 한봉(韓蜂) 5통.

선방 C동 앞에 자리를 잡으니 본래 그곳에 있었던 듯, 아주 자세가 나온다. 이곳은 청정지역이라 벌이 잘 될 것 같다. 벌에 대해서는 문외한이지만, 잠시 얘기를 듣고, 사람 사귀듯 가까이 하니 전혀 어색하지 않다. 이사 온 첫날인데도, 벌들은 자기 집 앞을 분주히 나댄다. 너무도 정적(靜的)인 고요한 선방에 동적(動的)인 기운이 활발발(活潑潑)하니 전혀 새로운 조화로움이 생긴다.

나는 말을 끊고 서서, 무엇인가 열심히 중얼거리는 수백 생명체의 음성을 듣는다. 이(離), 미(微)가 한 공간에서 극적으로 만났다.

무문관일기

무문관 제24칙(2) | 2018. 6. 6 수요일

가스 검침 온 사람이 말한다.

"요즘 불교계가 왜 이렇습니까? 제 주위에 여러 사람들이 실망을 하고 다른 종교로 가버렸습니다. 총무원장, 교육원장, 포교원장 세 분이 다 저러니 어찌 불교를 믿겠습니까?"

불교계의 중심축에 있는 나로서는 유구무언(有口無言)이다. 그가 다시 말을 잇는다.

"스님은 수행자로 계셔야지 정치하느라고 중앙 무대로 가시면 안 됩니다. 저 자신도 완벽하지 못한데 스님들을 두고 시시비비를 가리는 것도 나쁜 짓이겠지만, 이것은 좀 심합니다."

내가 할 말을 대신해 줘서 고맙다.

혼자 곰곰이 생각해 보니, 스님들이 아예 정치적 기질을 발휘하지 못하도록 중앙집권식의 제도를 없애는 게 좋겠다. 불교가 튼튼해지려면, 다른 나라처럼 각자도생하는 1사찰 1법인이 맞을 성 싶다.

　어쨌든, 불교는 지금 누란의 위기에 있다. 현재 조계종은 이(離)
미(微)의 조화가 그립다.

日日是好日

無門(下)에서 계속

무문관 용맹정진일기14

무문관 수행 일기와 함께 보는
무문 혜개 스님의 무문관 강론

무 문(上)

2018년 8월 15일 초판1쇄 인쇄
2018년 8월 15일 초판1쇄 발행

—

글　　　　無― 우학 큰스님
펴낸곳　　도서출판 좋은인연(한국불교대학 부속출판사)
　　　　　편집 / 김현미 모상미 김규미
　　　　　등록 / 제4-88호
　　　　　주소 / 대구 남구 중앙대로 126
　　　　　전화 / 053-475-3707~6
　　　　　홈페이지 / http://book.tvbuddha.org
　　　　　한국불교대학 홈페이지 / **한국불교대학**
　　　　　한국불교대학 다음카페 / **불교인드라망**

—

ISBN　　　978-89-93040-83-8(04220) Set
　　　　　978-89-93040-84-5(04220) 1
　　　　　978-89-93040-85-2(04220) 2